生と死のしくみ

無意識から解き明かす、
あなたの人生

小林秀守 *Hidemori Kobayashi*

共栄書房

生と死のしくみ——無意識から解き明かす、あなたの人生◆目次

はじめに　7

序章　内側の力とあなたの人生　10

二つの柱／内側の力と無意識／無意識はデータの塊である／衝動エネルギーがもたらす制約／制約から生まれる人生の潮流／せめぎ合いのありさま／衝動エネルギーをとらえる方法／新しい常識

コラム1　23

第一章　生と死を司る内側の力　24

「いま、ここに存在する」という恐怖／もう一人の自分／すべては冥想のまねごとから始まった／クンダリニの目覚め／苦痛からの解放を求めて／クンダリニとチャクラの真実／覚醒に伴う危険性／現実の甘露／さらなる深淵へ／サマディの位置付け／根源体験／アーラヤ識との出会い／根源体験とアーラヤ識／衝動存在論の土台／根源体験ができた理由／表の私を取り込もうとする力

第二章　神秘から現実へ　67

箱庭の中の冥想／カネには「色」が付いている／言葉にできる認識方法／新たな無意識言語を求めて／観受能力を手がかりに／無意識活動と連動するホロスコープ／性質・強さ・時期／虚衝動で読める深さ／衝動の複合体／実衝動の〝瞬間〟が映る虚衝動／これが「運」というものではないか／「創運」の芽生え／衝動分析でできること／「衝動分析」と時間の神秘／無意識の法則／運の正体

第三章　三つの輪　95

1　心の深層に迫りきれない深層心理学　96

衝動存在論と先行概念を結ぶ無意識言語／フロイトの「個人的無意識」／ユングの「集合的無意識」／ソンディの「家族的無意識」／先祖の抑圧された欲求／深層心理学の有効性と限界

2　冥想から生まれた初期仏教・ヨーガ　108

初期仏教の姿／私の初期仏教観／重ならない理由／創運というシステム／経験と熟成

第四章　生と死のしくみ　126

1　我々は輪廻のすそ野で生きている　126
中陰の経験／『バルド・トドゥル』／流転する魂／間接的な証明

2　前生《ぜんしょう》の記憶はこうして消える　134
振るい落とされるデータ／輪廻と家系の交差点／前生の記憶は存在するのか／中陰はデータを受け入れる／二つの条件／中陰のかけら

3　内側の力が司る娑婆のしくみ　146
運命はどのように形作られるのか／六つの切り口／変動をもたらす強制衝動／後天衝動と血族衝動／徳と福力／福力の目安／意識サイドの力

4　家系の流れはこうして生まれる　165
家族の中で育つ意味／支配衝動群で結びついた集団／女系三代／不運の再生産と家運の衰退／家運の盛衰サイクル／国力と家運の盛衰サイクル／輪廻のすそ野

コラム2　180

第五章　それでも人生は変えられる　182

1　生涯まとい付く〝自由〟という幻想　182
肥大した万能感

2　あなたはこのように生きている　185
「衝動疾患」という病／衝動疾患の現れ／法人衝動との連動／異性を拒む「接触拒否衝動」／表面しか見えない〈グループ表《おもて》〉／封印が強い〈グループ表〉／ココロがちぎれた〈グループ表〉／無意識との間合いを取れない〈グループ表〉／情報に依存する〈グループ表〉／「未病」を知る〈グループ裏〉

3　それでも人生は変えられる　203
守りと攻め／個人指導の理由／勝負にならない開運法／難所に備える／強制衝動への準備／強制衝動への対処／衝動の現れ方をコントロールする「衝動マネジメント」／衝動マネジメントの効果／国家・集団・個人――重なり合う衝動／衝動エネルギーの様相を変える「バイパス化」／守りから攻めへ／変化の可能性を広げる「念運」／共鳴がもたらす変化／運の伸びしろを決める意識力／「解封」という変容／運の器／

地球衝動と社会のリセット／混迷の時代を生きる人へ／新しい羅針盤

コラム3　250

終章　臨終の後、あなたに道はあるのか　252

先にあるもの／運のいい子の育て方／死出の衣を整えよ／死生観の形成／さらなる視界を求めて／変化の扉

終わりに　268

死の先にある世界／「内側の世界」への案内役

主要参考文献　274

はじめに

どなたも一度は、「死んだらどうなるのか」と考えたことがあるのではないでしょうか。

この問いに限らず、死について考え始めると疑問が次々と湧き起こり、答えの出ない輪にはまり込んでしまった経験をお持ちの方もいるでしょう。

それに応じるように、死をテーマにした書籍は数多く出版されています。しかし、どの本も、本質に踏み込めているとは到底思えないものばかりです。

かくして、死に関して真摯な疑問を抱く人ほど、もどかしい思いをすることになります。本書を手にしたあなたも、そういう一人ではありませんか。


なぜ、死を描こうとする著者たちは、本質に踏み込めないのでしょうか。

私は、彼らが「無意識」という心の領域を知らないことに尽きると考えています。実際に死んでみた経験をもとに死を語ることなど不可能なのですから、踏み込めないのは当然かもしれませんが、方法がないわけではありません。

そのカギになるのが無意識です。実はこの領域は、深部において死の世界と接しているため、深いエリアまで突き詰めれば「死」の姿が見えてきます。無意識というルートを使うことで、死の本質に迫れるのです。

これは、現実を生きる我々が、死を明らかにする唯一の方法と言ってもいいでしょう。ところがほとんどの方は、無意識という名前こそ知っているものの、実態については何一つと言っていいほどわかっていません。つまり彼らは、死の世界に肉迫する足場を持てないがゆえに、遠巻きに眺めるほかないのです。

私は、無意識の深部に触れた経験をきっかけに、その領域が死の世界と接していることに気付きました。そして無意識の働きを探究した結果、我々の「死」と「生」がどのようなもので、いかなる「しくみ」の下にあるのかを、つかむことができました。

本書ではそうして得た知見をもとに、死と生の本質を、私にしか書けない切り口でリアルに説き明かします。その中で描かれるのは、冒頭の問いへの答えだけではありません。次のような、誰もが知りたかった様々な事柄も含まれています。

・なぜ、この親のもとに生まれたのか
・「自分」とは何なのか
・人間の幸、不幸の違いはどこからくるのかこれらを通して、死と生に対するあなたの視野は確実に広がるでしょう。それは、知識よりも知恵、情報よりも深慮が求められるＡＩ時代を生き抜くための、かけがえのない財産となるはずです。

とは言え、言葉という道具では、生と死はもとより、無意識にまつわる事柄を表現することもたやすくありません。なぜなら言葉は、あくまで現実を規定するためのもので、目に見えない世界を表すようにはできていないからです。それでも能う限り描き出し、あなたを存在の神秘に誘いたいと思います。

いずれ死にゆく身として、生を模索する方をはじめ、我々はどういう存在なのかという根源的な知見を求める方に本書が届けば幸いです。

・本文中の敬称は略させていただきます。
・本書で紹介する事例はすべて事実に基づいていますが、プライバシー保護のため一部に変更を加えてあります。

序章　内側の力とあなたの人生

二つの柱

私は「創運舎」というコンサルタント会社の代表を務め、次の二つを柱として活動している。

・クライアントの人生を肯定的、建設的なものに変容させること
・人間という存在の探究

人生を〝変容させる〟というのは、物事の受け止め方を変えるといった次元ではなく、実際に心と環境を変えることだ。

本当にそんなことができるのかと問われれば、自信を持って「できる」と答える。なぜなら私は、我々を背後から動かす力を把握しているからだ。

実は、我々は自分の意志どおりの人生を送ってはおらず、私が「**内側の力**」と呼ぶ、ある力によって背後から動かされている。

この力は、無意識という領域から湧き上がり、我々に絶えず影響を及ぼす。意識に働きかけて感情や判断などを方向付けるとともに、周りの環境を変化させて人生の禍福を作り出す。だから、内側の力の働きを知って利用できれば、人生を肯定的な方向に変えたり、新たな流れを作ったりすることが可能になる。

内側の力を知ることは、もう一つの柱である「人間という存在の探究」の一環にもなっている。なぜならこの力は、我々の存在そのものと不可分だからだ。

内側の力は、現実の世界に影響を及ぼすだけでなく、我々を死後の世界へと誘い、やがて再び、生まれる前の世界から現実世界へと連れ出す働きもする。

つまり、内側の力は、生まれる前、今生きている現実、死んだ後の三つを結んでいるため、力の働きを把握することは、存在の探究につながるのだ。

こちらの活動こそが私のライフワークであり、クライアントの人生を肯定的に変容させるという活動は、探究の成果を活用することで成り立っている。

存在の〝探究〟など、大げさと思われる方もいるだろう。しかし、次章で述べるように、存在への疑問は幼少期から私の中にあり、疑問を追い続けるうちに、自然に探究へと深化したのである。

本書では、この探究によって得た知見に基づいて、内側の力のもとにある「生と死のしくみ」を描き出したい。

内側の力と無意識

本編に先立ち、内側の力と我々の日常をつないでいるものについて、触れておこう。

・**無意識（潜在意識）**
・**衝動エネルギー**
・**運（運命）**

まずは「**無意識（潜在意識）**」からだ。

通常、我々が自分の心として認識できるのは、「意識（表層意識）」という領域だが、その下には、認識の及ばない広大な領域が存在している。これが「無意識」であり、「意識の下部形態」などとも呼ばれている。つまり、**我々が自分の心と思い込んでいるものは、一部であって全体ではないということだ。**

無意識は、意識とは異なる働きを持ち、五感では直接認識できない。その姿をつかむことは困難だが、S・フロイト（1856～1939）をはじめとする先人たちの研究によって、いくつかの階層に分かれ、それぞれ別の働きをすることがわかっている。

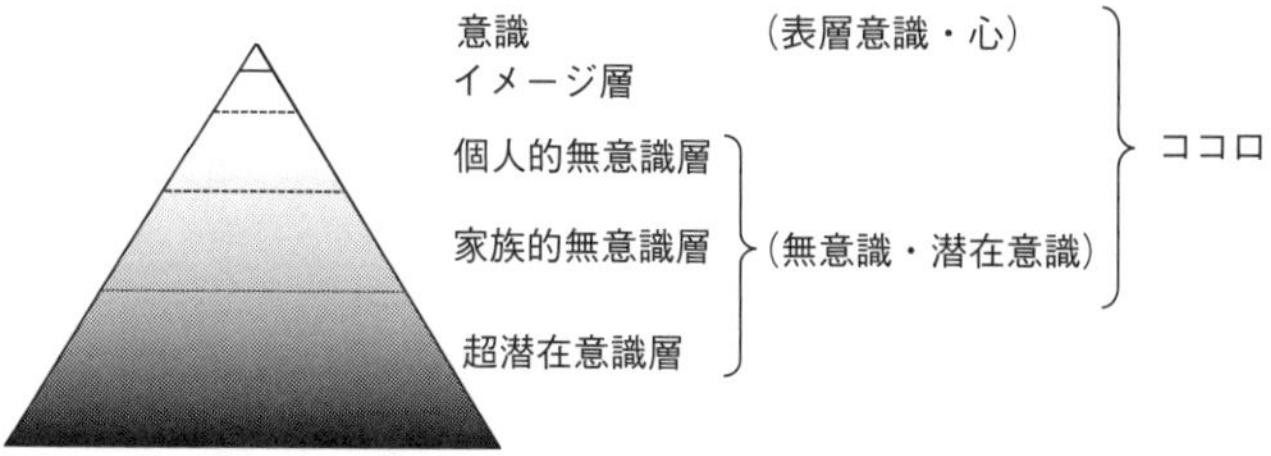

図 0-1　ココロの階層図

心の階層には諸説あるが、私は図0-1のように、意識と無意識の間にイメージ層を置く。そして無意識を三つの層に分け、表層に近い方から個人的無意識層、家族的無意識層、超潜在意識層と呼ぶ。認識できるできないに関わらず、これらはすべて精神活動の領域であり、私はまとめて「ココロ」と呼んでいる。

無意識はデータの塊である

「無意識はあなたの願いを叶えてくれる」「無意識は何でも知っている」など、巷間ではしばしば、無意識が万能の味方であるかのように語られる。しかしこれは、無意識の働きのうち、都合のいい部分だけを誇張しているに過ぎない。

無意識には、一般に認識されていない多くの働きがある。中でも私が最も重要だと考えるものは、我々の経験を最深部のエリアに保存・蓄積することだ。

保存・蓄積と言っても、「覚えている」「記憶している」ことを指すのではない。黒鉛に一定の条件を与えるとダイヤモンドに変質するように、経験は無意識に蓄積される過程で質的に変換され、私が

「データ」と呼ぶ状態になる。言うなれば、無意識はデータの塊なのだ。記憶は、経験が変換される前の、意図的に引き出せる状態に当たる。

また無意識には、経験に由来するデータだけでなく、生まれ持った固有のデータも存在しており、量としてははるかに多い。こちらは、最深部のエリアの中でも特に深いところに存在するため、一般のデータと区別するときは「**深部データ**」と呼ぶ。

衝動エネルギーがもたらす制約

深部データを含むすべてのデータは、無意識に蓄積されたまま潜み続けるわけではない。何かのきっかけで表層部へと動き出し、現実世界に象《かたち》を取ろうとする。自らの属性を心や環境の上に具現しようとするのだ。

この時、動き出すデータによって力が生じる。これを私は「**衝動エネルギー**」(もしくは略して「衝動」)と呼んでいる。「内側の力」のうち、現実世界に影響を及ぼす部分だ。つまり無意識は衝動エネルギーの源泉にあたる。

衝動という言葉には様々な意味があるが、本書ではこの意味に限定して用いる。

先に述べたとおり、無意識は経験をデータとして保存・蓄積する。また同時に、データを衝動エネルギーとして吐き出していると言えるだろう。その様は、無意識によってデータが「代謝」されているように見える。

衝動エネルギーは、無意識の見えざる手として、データの属性を具現すべく意識サイドへ働きかける。

感情、嗜好、欲求、認識、判断、選択など、我々のあらゆる意識活動に対して、衝動エネルギーは様々な制約や制限を加えて、基本的な性格を方向付けたり、思考や言動を偏向させたりする。それに止まらず、その人が置かれる現実の状況までも変化させ、人生の禍福を作り出すのだ。私はこの働きを「**無意識からの制約**」あるいは「**無意識の制約**」と呼んでいる。

制約のありさまは、鉄板焼きに例えることができる。衝動エネルギーの炎の上で、鉄板が熱く焼けている。そこに乗せられた肉や野菜が我々だ。

炎の強さや広がり具合に応じて、焼かれた肉がブルブルと震え、野菜がはじける。それは、衝動のストレスに意識が耐える様や、衝動によって環境が変わってしまう様そのものだ。このように我々は、無意識の制約下に置かれたままで人生を送ることを余儀なくされている。

無意識は、衝動エネルギーが持つ「**強制**」「**投影**」という二つの作用によって我々を制約する。

「強制」作用とは、衝動が意識活動に偏向を与える働きだ。データが動き出すと、衝動エネ

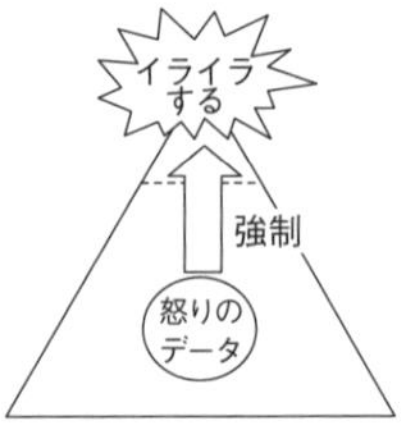

図 0-2　無意識の強制

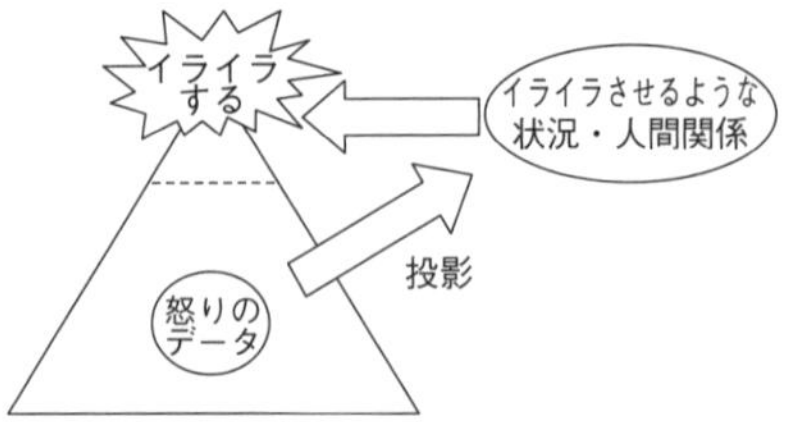

図 0-3　無意識の投影

ルギーはまず、我々の心をデータの属性に沿った方向に誘う。例えば、怒りや支配性のデータから生じる衝動は、感情や判断に排他性、冷酷性、残忍性などをもたらす。怒りっぽくなる、バイタリティが高まる、冷酷かつ高圧的になるなど、現れ方や程度は人それぞれだが、すべての人の意識活動が、本人の意志とは関係なく、普段よりも排他的・支配的な傾向を帯びるのだ。

「投影」作用とは、衝動がデータの属性に沿った環境を外側に作り出す働きだ。この作用は、衝動を体現するような状況や人間関係を引き起こしたり、現実の出来事を介して衝動の質に沿った心の状態をもたらしたりする。

怒りや支配性のデータで言えば、会社や学校で誰かを不当に排斥してしまうなど、排他性、冷酷性を具現する出来事が起きる。また、苛立たしい言動をする人と一緒に働かざるを得ないなど、怒りの感情が刺激されやすい状況が生じる。投影という言葉は様々な意味で使われるが、本書では、この投影作用の意味で用いる。

意識の活動のみならず、現実の環境までが、衝動エネルギーによって変化するなどとは考えにくいかもしれない。しかし、「事実は小説よりも奇なり」と言うように、衝動の質を体現するような出来事が、思いもよらない時に、信じがたい確率で起こる例は枚挙に暇がない。無意識にはそれだけの力があるのだと、痛感せざるを得ない。

制約から生まれる人生の潮流

「無意識の制約」の中でも、特別な働きをするものがある。それは、四歳頃までの間に深部データから生じる制約だ。深部データとは、先に述べたように、生まれ持った固有のデータで、そこから幼年期に生じる数々の制約は、全体として一つの「流れ」を形成し人生の大枠を決めるのだ。この流れのことを私は「**衝動趨勢**」と呼んでいる。

衝動趨勢は、深部データの属性や強さに沿った、固有のスケール、性質、勢い、時間軸を有する潜勢的な流れだ。その動きは単調ではなく、スピード、向き、広がりなどを変えながら、うねるように流れ、動きを止めることもある。あるいは、他者の流れと交わったり、引きずられたりもする。それでも基本的なベクトルから外れることはない。

我々の人生は、衝動趨勢に誘《いざな》われるがごとくに展開しており、そのありさまが「**運命趨勢**」だ。

これらの趨勢と人生との関係は、大海原の潮流と小舟に例えることができる。

我々は、自分が乗る小舟の下に潮の流れが存在するとは知らずに生きている。そのため、小舟を操っているつもりでも、あらぬ方向へ押し流されたり、思わぬ速さで運ばれたりする。航路を自由に選べると思い込んでいる人もいるが、それは潮流が穏やかであるか、流れの幅が広いだけで、ひとたび流れから外れようとすれば強烈な力で引き戻されることになる。

この水面下の潮流が衝動趨勢で、小舟の動きが運命趨勢にあたる。うねる流れのままに小舟が進めば、衝動趨勢がそのまま運命趨勢となり、小舟のエンジンが強ければ、意識サイドの意向がある程度反映された運命趨勢となる。

衝動趨勢と運命趨勢の二つは、データによって作り出された見えない枠であり、人生における**「隠されたガイドライン」**（以下 ガイドライン）なのだ。

せめぎ合いのありさま

ここで〝運命〟という言葉が登場したことに、本書のテーマとそぐわない印象を持つ方もいるかもしれない。しかし「運」や「運命」という不可思議な現象は、内側の力によって生まれるものであり、生や死のしくみの一端だ。

我々はしばしば「運に恵まれた」「運が悪かった」と口にするが、では運とは何なのかと問われても、明確に答えられる人はいない。そもそも、答えが出せるとは思わないのではないか。

しかし、無意識にまで視点を深めれば、運の姿がはっきり見えてくる。運は、ツキの一言で片づけられるものでも、巡り合わせのようなものでもない。**内側の力による制約と、我々の意**

データ ➡ 衝動エネルギー ➡ ガイドライン ➡ 運・運命 ⬅ 意識サイドの力
（内側の力）

図 0-4　運の図式

志や努力などの「意識サイドの力」が、相互に作用して生じる〝ありさま〟と言える。

我々は、意識サイドの力を使って自分の望む人生を送ろうとする。しかし無意識は、そういう望みとは関係なく我々を制約し、ガイドラインの枠内で人生を展開させようとする。

このため、無意識と意識サイドとの間には、絶えず反発や摩擦などの「せめぎ合い」が生じる。そのありさまが「運」もしくは「運命」と呼ばれるものなのだ。

せめぎ合いと書いてはみたものの、伯仲した戦《いくさ》が展開されるわけではない。意識サイドは常に劣勢で、しばしばボロ負けを喫し、一生負け続ける人もいる。

それは、負けるべくして負けているのだ。なぜなら我々は次のような状態にあるからだ。

・意志や判断などを司る表層意識は、ココロの一部分にすぎない
・我々は無意識からの制約を受けるのみならず、制約の存在そのもの

にも気付けない

既述のように、意識はココロ全体から見ればごく一部に過ぎず、その力がどんなに強くても全体を支配できない。意識にとって無意識は、比べようもないほどに強大な存在なのだ。

また我々は、「意識が無意識や衝動エネルギーを認識しようとする働き」にも制約を受けており、制約されていること自体にも気付けない。言わば認識能力を〝封印〟されたような状態で、自分よりもはるかに強い相手とせめぎ合うのだから、優位に立てるわけがない。これゆえ、運は人智の及ばないものとして扱われるのだろう。

なお、無意識の制約は、必ずしも意識サイドの足枷になるばかりではなく、ときには支援するようにも働く。制約に足を取られたときの様相を「運が悪い」、後押しを受けたときの様相を「運がいい」と感じるのだ。

支援になるなら「制約」という表現はなじまないと思われるかもしれないが、足枷になろうと支援になろうと、無意識は、あくまで衝動趨勢に沿って意識サイドを動かそうとしているだけだ。そういう意味ではやはり、制約と言わざるを得ないのである。

衝動エネルギーをとらえる方法

このように我々は、制約とせめぎ合って生きており、せめぎ合いの背後で働く衝動エネルギーを認識できない。

しかし私は、衝動を把握する方法を見出した。それが「**衝動分析**」である。文字通り衝動エネルギーを分析することで、そこから生じる制約のありさまをつかめるのだ。

分析の基本は「**出生衝動**」と「**経過衝動**」を把握することだ。これらは個人のデータから生じてガイドラインを形成する衝動で、二つを合わせて「**個人衝動**」と呼ぶ。

出生衝動　＋　経過衝動　＝　個人衝動

出生衝動とは、深部データを源として出生時から四歳頃までに生じる衝動で、これがもたらす諸々の制約が衝動趨勢を形成する。

経過衝動とは、その時々に動き出すデータを源とする衝動で、時間の経過につれて現れては消えることからこの名前を付けている。ガイドラインに変化やうねりをもたらす力と言えよう。

衝動分析では、出生衝動の傾向を把握するとともに、どんな性質と強さの経過衝動が、いつ現れるのかを読み取り、そのとき人生はどのような様相になるかを予測する。

他の要因と総合すれば、ガイドラインの姿をつかむこともできる。この分析に基づいた指導で、クライアントの人生を変容させていくのだ。

新しい常識

以上に述べた「無意識」「衝動エネルギー」「運」の三つが、内側の力と日常をつなぐものだ。

しかし内側の力は、我々が生きる世界で働くだけではない。生まれる前と死んだ後も司っている。こちらは、現実という「陽の世界」に対して、「陰の世界」だ。そして、陰の世界で働く内側の力を「**陰の力**」と呼ぶ。

つまり内側の力は、「衝動エネルギー」と「陰の力」の、二つの姿を持つということだ。本書ではこの両面から、生や死のしくみに迫ろうと思う。

内側の力
- **衝動エネルギー　現実世界で我々に影響を及ぼす**
- **陰の力　陰の世界を司る。我々を陰の世界へ誘い、現実世界へ連れ出す**

本書には、あなたの常識に真っ向から対立する内容があるかもしれない。しかし驚きとともに読み進めるうちに、一つまた一つと、〝新たな常識〟が手に入るだろう。

コラム1　データの属性と起きる出来事

16ページで、衝動エネルギーの「投影」作用についてお話しした。ここでは、同じ出来事でも、衝動の源にあるデータの属性に応じて全く異なる状況が生じた事例をご紹介しよう。

会員の中に、空き巣に入られたことのある女性が二人いる。いずれもマンション住まいだ。一人の方は、被害にあった時「性的なデータから生じる衝動」に干渉されていた。盗まれたのは下着だけで、他に荒らされた形跡はなく、出しっぱなしの現金も手付かずだった。犯人は、掃き出し窓のカギを開け、靴を脱いで部屋に入り、出るときも丁寧に窓を閉めていったという。

もう一人の方は「支配性や攻撃性のデータから生じる衝動」に干渉されていた。犯人は、四階にある彼女の部屋の窓ガラスを割って入り、土足のまま部屋を荒らして現金を盗んだうえ、三階の住人の部屋にも侵入した。

恐ろしいことに犯人は、警察に通報された腹いせのように、現場検証の翌日にも再び、彼女の部屋に侵入した。

このように、データは衝動を介して、自らの属性に沿った出来事を誘うのである。

第一章　生と死を司る内側の力

私は幼少期から、「内側の力」の存在を感じていた。はっきりとは認識できぬまま、力を恐れ、力に惹かれた。そして青年期には、力に誘われるように無意識世界へ足を踏み入れることになった。

本章では、内側の力との出会いをきっかけに、生のしくみと死のしくみを見出していく過程を振り返りたい。この経緯を通して、読者の方も現実の奥に広がる世界に触れていただければと思う。

「いま、ここに存在する」という恐怖

私は、基本的には、屈託のない明るい子供だった。しかし物心ついた頃から時折、言いようのない戸惑いや恐怖に襲われることがあった。初めてそれを経験したのは、確か三歳か四歳の頃だ。ある日、「知らないうちに、自分がこの世に存在している」ことに気付いたのだ。その時の悪寒を伴うショックは、私の心に深く刻み込まれている。

知らぬ間にこの世に存在させられていた不可解さに加え、知らぬ間に突然この世から消えてしまう不安も湧いてきた。始まりと終わりを自分で決められないという事実が空恐ろしかった。大人なら皆、そんな恐怖に対処できるし、我々がどこから来てどこへ行くのかも知っていると思った。しかし、誰もが何も知らないまま生きているのだとわかり、愕然としたものだ。

こういった経験をきっかけに、いつしか私は、人間という存在についての疑問を抱くようになった。

私の頭からそんな疑問が離れなかったのは、「死」を身近に感じる家庭環境だったことも一因だろう。生家の隣で祖父が葬儀社を営んでいたため、私は、友達の父親、親切にしてくれた近所のおばさんをはじめとして、多くの死に出会った。しかもそれらの中には、夭死、自殺、横死など、穏やかならぬものが少なからず含まれていた。

自分もいつか死なねばならないうえに、思い通りに死ねるわけではないということが、やりきれなかった。葬儀に来る坊さんたちに疑問をぶつけても、納得のいく答えは返ってこない。

それなのに、死者の枕頭で「安らかなお顔で、良き処に逝かれたと思います」などと言うのが不思議でしょうがなかった。

加えて、戦争によって死の恐怖を刷り込まれた両親からも〝英才教育〟を受けた。

父は十四歳で満蒙開拓青少年義勇軍に入隊したが、大陸に渡った後、わずか二ヶ月あまりで終戦を迎え、軍の保護を失って厳寒の南満を逃げ惑うことになった。母も焼夷弾の中を逃げ回った経験を持つ。彼らは再び戦争が起きると信じており、息子に〝そのとき〟を生き抜く力をつけさせようとした。「善人ほど早く死ぬ」「弾《たま》は後ろから飛んでくる」「人を殺せば目が濡れる」「飢えと恐怖で人は壊れる」「地獄にも菩薩はいる」など、狂気の時代をくぐり抜けた人間だけが知り得た知恵を、事あるごとに、小学生にもならない子供に叩き込んだのだ。

学校に上がると、先生から「民主主義の時代だから、もう戦争は起きないのよ」と言われたが、家に帰って父親に話すと、「先生がお前の弾除けになってくれるものか。きれいごとに耳貸すな！」と怒鳴られた。

一九六四年に東京オリンピックが開催されてからは、両親の緊張も緩んでいくが、それでもしばらくの間、私への英才教育は続いたのである。

このように私は、手厚い弔いから野晒しの骸《むくろ》まで、様々な死を目にし耳にする環境で育った。人は必ず死ぬという現実を繰り返し突きつけられ、そのたびに、自分が突然この世から消える恐怖が喚呼される。私は子供ながらに、死というものから目をそらすことができなかった。

もう一人の自分

死と向き合う中で、いつしか「もう一人の自分」という考えが芽生えた。普段、何かを考えたり、感じたりしている自分を「表の自分」とするならば、心の中に、それとは別の誰かがいるのではないか、ということだ。

きっかけは祖父から聞いた話だ。風邪ひとつひかない元気な女性が五十代で急死した。彼女は亡くなる直前に、自らの死装束を用意していたそうだ。祖父によれば、似たような話は、さほど珍しくないという。

なぜそんなことが起こり得るのかと考えるうちに、然るべき時に支度を促す何者かが我々の内側に存在するのではないか、と思うようになったのだ。

成長するにつれて、「もう一人の自分」が存在するという考えは確信となっていった。こう考えると、周囲の人々の行動の意味がよく理解できたからだ。

ケンカをしながらも別れない両親、どうしても気の合わない友達、やめようとしてもやめられないクセ、お酒を飲むと性格が変わる人、普段は冷静なのにある事柄にだけ感情的になる先生。もう一人の自分がそうさせていると思えば、多くのことが腑に落ちた。

もう一人の自分は、隠された本音などとは次元が異なるもので、本音と建前を使い分ける表の自分の、さらに奥にいる存在だ。後に、もう一人の自分には「無意識」という名前があることを知る。

中学生の時には、相前後して亡くなった祖父母の葬儀をきっかけに、無意識を家族単位でとらえる考えが芽生えた。

集まった親族は家族ごとに雰囲気が異なり、ある家族は悲しみの中でも穏やかだが、別の家族はすぐケンカ腰になる。それればかりか、父方と母方では〝作り〟が異なるように感じられた。ここから、「もう一人の自分」の他に「もう一つの家族」も存在するのではないかと思い始めた。

もう一人の自分を〝点〟とすれば、もう一つの家族は〝線〟である。意図せずにこの世に存在させられたばかりか、家族という線に否応なく組み込まれていると思うと、やり場のない感情が湧いてきた。私は大事にされていると感じていたし、家族や親戚のことも好きだった。だからと言って、線の一部として生きるのは、どうにも納得できなかった。

驚いたことに周囲の大人たちは、自分が線の一部であることに抵抗を感じるどころか、安心感を持っているように見えた。ましてや、もう一つの家族が存在するなど、思ってもみないらしい。だから、後に、私と同じように家族をとらえる学説があると知った時は、気持ちが高揚したものだ。その「ソンディ心理学」や、提唱者のL・ソンディ（1893～1986）については、第二章、第三章で改めて述べる。

以上のエピソードはほんの一部に過ぎない。存在についての疑問は、幼い時から私の奥深くに居座り、特に、知らないうちに生まれていたことに対する恐怖や危機感はすべての原点だ。多くの人は、生まれる前や死んだ後について関心を抱いていても、日常に紛れていつしか忘れてしまう。しかし私の場合は、決して消えないこだわりとして、人生を方向付けることになった。

すべては冥想のまねごとから始まった

周囲の大人に疑問を投げかけても無駄だと悟った私は、手探りながらも自力で答えを探し始めた。

まず手を出したのは仏教書だ。多くの解説書を読んだが納得できず、原典にもチャレンジした。しかし悪戦苦闘したものの、当時の私にはハードルが高すぎた。

高校生の頃には、テレビで見た禅僧の修行に刺激され、冥想のまねごとを始めた。参考にしたのは『天台小止観』や『夜船閑話《かんな》』などだ。前者は、冥想の初心者には格好の入門書で、後者は、白隠禅師が坐禅修行により疲弊した身体の回復方法を会得するまでの記録である。

他にも坐禅、呼吸法、観法、メディテーションなど、ジャンルはおかまいなしで手当たり次第に何でも試した。振り返れば、この〝冥想もどき〟が私を探究の道に導いたのだ。

なお、〝もどき〟と書いたのは、当時の私は、冥想の本当の意味や目指すところがわかっていなかったからだ。冥想とは単に目を閉じて心を落ち着かせることではない。では何なのかと言えば、私は「**目を瞑って思惟するという人間の本能的行為を土台に発展した、無意識領域と触れ合う技法**」と定義している。

人間は、じっくりものを考えたり、思いを巡らせたりするときに、目を閉じて外からの情報を遮断しようとする。冥想は、この本能的な行為に端を発し、姿勢の安定、呼吸のコントロール、精神の集中など様々な手段を加えることで、無意識に入ろうとする技法、あるいは無意識の力を利用しようとする技法と言える。

一説にはインドで生まれたと言われるが、私は洋の東西を問わず、原型はどこにでもあったと考えている。インドでは、諸々の条件が冥想に適していたため、体系的に発展したのだろう。

高校を卒業すると、それまで以上に冥想や呼吸法の実修に力を注いだ。そして一年ほど続けた頃、変調が現れた。いきなり四〇℃近い熱が出て、風邪かと思っているといつの間にか平熱に下がる。そんなことが数回あってからは、常時身体が熱く、体温は三七℃前後が当たり前になった。焦げくさい臭いとともに、頭をベルトで締め付けられるような痛みも現れた。

ほどなく、尾てい骨に焼き串を当てられたような灼熱感に襲われるようになった。灼熱感は日に数回、何の前触れもなく生じ、背骨を通って頭頂まで駆け上がる。同時にパチパチした火花のようなものが眉間の上方に見える。頭の鉢が内部から外に向かって押されるように感じるときもあった。

異変が始まれば、治まるまではじっと耐えるだけだ。さらに、ひどい肩こりや腕のしびれも加わった。

どう考えてもおかしいのに、医者に行っても異常はないと言われる。何が起きているのか教えてくれる人もなく、不安と孤独に押しつぶされそうな日々が続いた。

私は、「意図せずにこの世に存在させられた」という恐怖を忘れたことがなかった。だからこそ、自分で人生を切り開きたいという気持ちが強かった。しかし、この状態が続くなら、普通の生活すら難しい。

あたかも、私をこの世に存在させた力が、「自分の意志で生きようと考えるなど、とんでもない思い上がりだ」と、身体の異変を通して見せつけているかのようだった。私は、このとき初めて、内側の力というものを明確に認識したのだ。

クンダリニの目覚め

しばらく経って、多少なりとも苦痛に慣れてくると、自分の身に起きていることをはっきりさせたいという気持ちが湧いてきた。医学的に問題がないのなら、思い当たるのは冥想の実修だけだ。そこで、苦痛の合間を縫って、それらに関する書物を読み始めた。

私の状態を解き明かす手がかりは「ヨーガ」の中に見つかった。

ヨーガとは、呼吸法や冥想などを通じて無意識をコントロールし、心の働きを止めて悟りに至ることを目的とした実践体系である。日本のヨーガ研究の第一人者、佐保田鶴治の言葉を借りれば、「人間の心の構造についての学問的な観察と、心のいちばん奥にある真智を開発する技術」であり、「自我を作業の対象として、自我へ到達しようとする修行、訓練の方法」だ。

1　ラージャ・ヨーガ（心理的）	6　ジュニャーナ・ヨーガ（哲学的）
2　ハタ・ヨーガ（生理的）	7　マントラ・ヨーガ（呪法的）
3　カルマ・ヨーガ（倫理的）	8　ヴィアーヤーマ・ヨーガ（体育的）
4　バクティ・ヨーガ（宗教的）	9　クンダリニ・ヨーガ（超心理学的）
5　ラヤ・ヨーガ（心霊的）	

表1-1　ヨーガの流派

日本では、アーサナと呼ばれる肉体的なポーズを中心とした「ハタ・ヨーガ」が一般に知られているが、これは数ある流派のごく一部に過ぎない。佐保田は九つの流派をあげている（表1-1参照）。その一つである「クンダリニ・ヨーガ」の中に、私の経験そのままの記述が存在していたのだ。

ヨーガの思想では、我々の体には「ナーディ（管）」という気道が網の目のように広がり、そこを「プラーナ」という生命エネルギーが流れているとされる。ナーディは、七万二〇〇〇本とも八万四〇〇〇本とも言われ、そのうち中核的なものは、尾てい骨から身体の中心を貫いて頭頂まで伸びる三本（三管）だ。

これらは正中線上で交わっており、交差点は「チャクラ」と呼ばれる。大きなチャクラは七つで、上から順に、サハスラーラ、アージュナー、ヴィシュッダ、アナハタ、マニプーラ、スヴァディスターナ、ムーラダーラという名前が付けられている。

クンダリニ・ヨーガは、尾てい骨に眠る「クンダリニ」という力を利用した修行法だ。クンダリニの覚醒によって生じる上

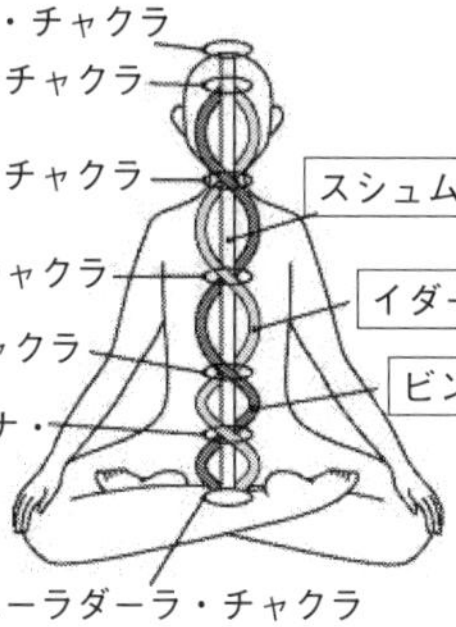

図 1-1　三管とチャクラ

昇性の強いエネルギーを、ナーディを通り道として頭頂まで導いていく。この行為を通して、修行者に潜在的に備わる霊性を活性化させ、意識の変容を図るだけでなく、生死さえも越えさせようとするのだ。

クンダリニは、様々な書物の中で神秘的な力を持つ蛇や女神などとして描かれている。ヨーガ関連書によれば、誰にも内在する力であり、目覚めると背骨を頭頂まで駆け上って解脱や悟りをもたらすとされる。

私の経験は、多くの点でクンダリニの覚醒の記述と一致していた。主なものは、一日に二〜三回起こる尾てい骨から背骨にかけての灼熱感、焦げくさい臭い、頭の中の火花などで、灼熱感が背骨を螺旋状にかけ上がる感覚も、蛇の例えに合致する。さらに、諸々の痛みも、クンダリニ・エネルギーがナーディをスムーズに通過できないためと考えると腑に落ちた。特に首から上のナーディが細いために頭痛や肩こりが起き、頭部に上がらなかったエネルギーが腕に流れて、両腕の内側がしびれたと思われる。

にわかには信じられなかったが、様々な記述と自身の状態を突き合わせた結果、呼吸法や冥想からの刺激によってクンダリニが覚醒したと結論付けざるを得なかった。

後に知ったことだが、覚醒は二段階で進むという。経験豊富な指導者について修行すれば、予備覚醒から本覚醒へと無理なく移行できるのだろう。しかし私の場合は一気に進んだので、苦しむことになったのだ。

苦痛からの解放を求めて

自分の身に起きた異変の原因は、およその見当がついた。もし見込み通りなら、クンダリニ・エネルギーを鎮めるか、ナーディの中をスムーズに通るようにすれば苦痛は消えるはずで、私は目標をここに定めた。とは言うものの、具体的な方法を教えてくれる人がいるわけでもなく、試行錯誤の日々が始まった。

まず試したのが鍼灸だ。鍼灸で使われる経絡を、体表に近いナーディとみなす説もあることから、ツボを刺激すればエネルギーの通りがよくなるのではないかと期待した。鍼灸院に通ったが、肩こりがわずかに改善したのみで、一番問題だった頭痛には、ほとんど変化がなかった。

並行して滝行も試した。当時の住まいの近くに滝場があり、滝に打たれて体を冷やせばエネルギーを鎮静させられないかと考えたのだ。ところが逆効果で、しばらく通ううちにエネルギーが強まり、頭痛も悪化してしまった。ただし、後にチャクラの刺激を試みる際には、クンダリニ・エネルギーを強める方法として滝行が大いに役立ったので、この経験も無駄ではなかったと言えよう。

次に考えたのは、ハタ・ヨーガによって背骨を柔軟にし、エネルギーをスムーズに流すことだ。ハタ・ヨーガのアーサナの中から、「逆立ちのポーズ」「コブラのポーズ」「猫のポーズ」「ねじりのポーズ」などを中心に、徹底的に実修したが、痛みが幾分和らぐ程度の効果に止まった。

そんな時、ふと耳にした「交通事故は交差点でよく起きる」という言葉が、事態を動かすきっかけとなる。ナーディの交差点であるチャクラに、すんなりとエネルギーが流れれば、痛みが軽くなるのではないかと考え、様々な方法で各チャクラへの刺激を始めたのだ。

これは、クンダリニ・ヨーガの修行とも重なるもので、私は期せずしてその階梯をなぞることになったのである。

クンダリニとチャクラの真実

クンダリニやチャクラに興味をお持ちの方は多いが、巷間では、都合の良いところだけがクローズアップされて独り歩きをしている。そこで、先に進む前に私の考えを述べておきたい。

まず、「クンダリニの覚醒」や「チャクラの開発」は、超常的な能力を獲得するための方法と思われている節がある。しかしこれらは、あくまでクンダリニ・ヨーガの一過程に過ぎない。

クンダリニ・ヨーガは、我々の認識能力や感覚を現実の枠から解き放ってくれる。よって熟達すれば、「神秘」と呼ばれるものの本質が見えるようになり、宗教文献や宗教儀式に隠された意味がわかってくる。これゆえ私は、クンダリニ・ヨーガを、すべての宗教や神秘思想の土台になるものと位置付けている。

この修行による変容のはじまりがクンダリニの覚醒で、無意識活動が新しいフェイズに入る証ととらえることができる。

チャクラを開発する本来の目的も、覚醒したクンダリニのエネルギーを頭頂まで速やかに導くことだ。クンダリニが覚醒するとチャクラが刺激を受ける。そこにさらなる精神集中を加えることで活性化させ、エネルギーが上昇する際の障害を取り除くのだ。

クンダリニが覚醒していなければチャクラの開発はできないし、する意味もない。通る人のない山道に宿場を開く滑稽さを想像してほしい。また、チャクラへの刺激によってクンダリニが覚醒することもない。あくまでクンダリニの覚醒ありきなのだ。

クンダリニ・ヨーガの体系的な行法を抜きにして、クンダリニの覚醒やチャクラの開発が可能と考える人は、クンダリニとチャクラを肉体の一部と認識しているのだろうが、その認識自体が間違っている。

実は、これらは肉体だけに存在するわけではない。我々は肉体以外にも、複数の〝別の身体〟を持っており、それらは、刀が鞘に納められているように、肉体と重なって存在する。そしてチャクラやクンダリニは、すべての身体を貫いているのだ。

別の身体は無意識と連動するため、チャクラやクンダリニをきちんと刺激するには、肉体的な働きかけ以上に、無意識を活性化させることが必須になる。

逆に言うと、無意識が活性化している時はクンダリニも覚醒しやすい。だから、青年期の私のように無意識に導かれるまま修行をした場合や、すでに覚醒した人の近くにいて無意識が刺激された場合などにも、クンダリニが動き出すことがある。

覚醒に伴う危険性

なお、不用意にクンダリニが覚醒すると、高い確率で深刻な問題が起きる。

クンダリニの覚醒は、無意識活動のレベルアップを意味する。これは我々にとって未知の経験で、大きなショックを伴うため、クンダリニ・ヨーガにはショックを和らげる修行が組み込まれている。修行体系によらずして覚醒するということは、何の備えもなく大嵐に巻き込まれるようなものだ。

まず、性エネルギーやプラーナの勢いが強くなって、身体のあちこちでプラーナの通過障害が起こり、私が経験したような肉体的苦痛が生じる。若い人なら強すぎる性欲に振り回されるだろう。

次に衝動エネルギーが噴出する。イメージ層の雑多な情報から深部データまでが一気に動き出し、衝動として湧き上がるのだ。その結果、過去に無意識サイドに追いやった欲求や自覚できない負の感情など、いわゆる心の闇と否応なく対峙することになる。具体的には、妄想に振り回され、興奮状態や不眠といった変調が起きる。加えて、現実にもトラブルが続出し、環境も壊れる。

修行者なら、このような状況に陥ったとしても、自分の「業」を垣間見るという得難い経験になるだろう。しかし、意図せず覚醒した人にとっては、人生への深刻なダメージとなってしまう。

クンダリニの覚醒によって衝動エネルギーの暴流と対面した経験を描いた本に、ゴーピ・クリシュナの『クンダリニー』がある。ここには彼が肉体と精神の両面で長らく苦しんだ様が描かれているが、今、我々のクンダリニが不用意に覚醒した場合、彼以上の苦痛に苛まれることは間違いない。それは、クリシュナが覚醒を経験した一九三〇年代に比べて、現代人は取り入れる情報がケタ違いに多く、大半の人はイメージ層にゴミが詰め込まれたようになっているからだ。私が「イメージ層の汚れ」と呼ぶ状態である。この状態では、衝動が噴出する際に大量のイメージもあふれ出し、クリシュナの時代よりもはるかに心が不安定になる。

また、汚れが特に強い人は、覚醒から時間が経っても衝動の噴出が収まらず、当初の混乱状態からなかなか抜け出せない。特に、動画やゲームで膨大な情報に接するスマホ世代は、妄想に翻弄され続けることになるだろう。

クライアントの中にも、私と精神的な距離が近づいたことで無意識が刺激され、クンダリニが覚醒したケースがある。そういう場合には、彼らの精神状態や環境が崩れないよう、きめ細かくケアしなければならない。また、覚醒の可能性が少しでもある人には、あらかじめショックを和らげるような指導をする。

クンダリニの覚醒に対しては、これだけのフォローが必要なのだ。もし本書を読んで冥想や呼吸法を試み、何らかの障害が起きた方がいても、当方は一切責任を負えないので、その旨ご承知おきいただきたい。

現実の甘露

さて本題に戻って、チャクラへの刺激について述べたい。詳細に語ればきりがないので、ここでは、一連の試みの仕上げとなった、アージュナー・チャクラへの刺激を取り上げる。

なお、このチャクラは眉間にあると表現される場合が多いが、厳密に言えば眉間ではなく間脳の視床下部と同じ座標に存在しており、肉体と別の身体とを貫いている。そのあたりの詳細は別の機会に譲るとして、ここでは、アージュナー・チャクラ＝視床下部として話を進める。

私がアージュナー・チャクラを刺激するために実践したのは、眉間や額の生え際に精神を集

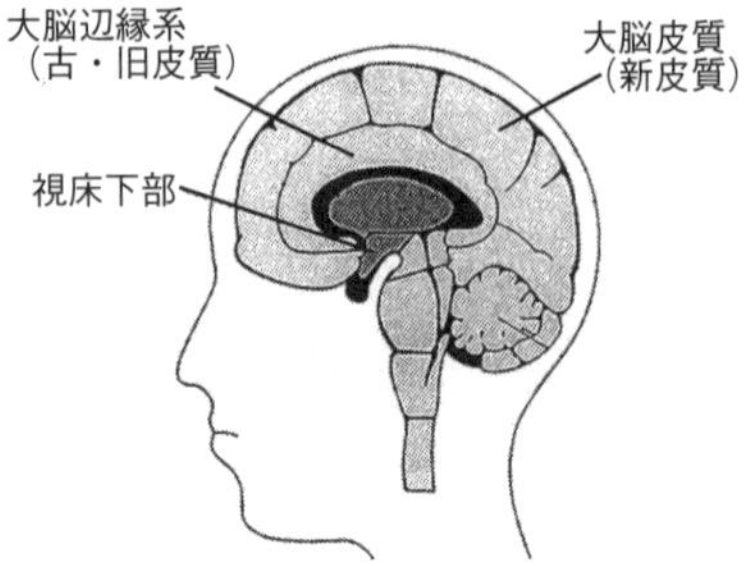

図 1-2　視床下部の位置

中して「光」を感じ、それを視床下部へ導くという技法だ。眉間というアクセルで、チャクラというエンジンをかけるようなものだ。

「眉間に集中する」と言えば簡単そうだが、これが一筋縄ではいかず、はじめは眉間を針で刺したり線香で焼いたりするなどの工夫が必要だった。そもそも人間の身体は、精神集中で光を認識するようにはできていない。しかし不思議なことに、眉間に感じた拍動が、徹底的な修習《しゅじゅう》の結果、熱に変わり風に変わり、やがて微かな光（のようなもの）に変化したのである。

こうして得た光を、アージュナー・チャクラまで導いていく。集中が少し途切れただけでも〝光の道〟が消えてしまうため、うんざりするほどの失敗を重ねたが、何とかゴールまで導けるようになった。ここから私は、かつてない経験をすることになる。

光がアージュナー・チャクラに達した時、まず起きたのは激しいスパークだ。最初は訳がわからずに「目をやられた！」と思い、恐る恐る目を開けて物が見えることに安心すると、次は落雷に遭ったかと考えた。それほどの強烈な閃光だった。おそらく視床下部の近くで交差している視神経が刺激されたのだろう。しばらくの間は実修するのが怖かったが、何度か経験するうちにスパークは弱まっていった。

入れ替わるように、冷たい粘液状の滴が喉の奥に落ち始めた。水洟《みずばな》とも似ているが、もっとなめらかで微妙に甘い。後に調べたところ、この滴は、古来「甘露」と呼ばれているものとわかった。

驚いたことに、甘露が落ち始めると、あれほど苦しめられた頭痛がたちまち和らいだ。灼熱感、肩こり、腕のしびれなども日に日に弱まり、身体的苦痛はあっけなく解消したのである。当初の目的がこれほど早く果たせるとは思っておらず、うれしい誤算だった。

それでも、一つだけ消えなかった痛みがある。四〇年以上経った今でも、年に一～二回は、尾てい骨が締め付けられるような痛みに見舞われるのだ。時間にして数分間、全く動けなくなってしまう。傍目には、私が痔で苦しんでいるように映るらしいが、説明するのも面倒なのでそのままにしている。

甘露の経験がもたらしたものは、身体的な苦痛からの解放だけではなかった。

実修を続けるうちに甘露は新たな動きを見せた。喉の奥に落ちた後、頭頂から肛門まで体の中心を鉛直に貫くラインを伝うように、ゆっくり下方に流れ始めたのだ。

甘露は、各チャクラでいったん溜まり、そのたびに該当のチャクラに関わる感情や心の働きが沈静化していった。例えば、ヴィシュッダ・チャクラなら嫉妬心や知的闘争心、アナハタ・チャクラなら過剰な愛着といった感情が消えるのだ。

こうして、甘露の流れとともに、嫉妬、不安、悲しみ、性欲、怒りなどの負の感情や欲求が、波が収まるように鎮まって、完全な平穏が訪れる。心が動かず何の感情も湧いてこない。実に静かで安定した、「心（意識）の停止」とも言うべき状態である。

私が経験した心の状態については、ヨーガの思想を体系的に記述した最も古い文献であるパタンジャリの『ヨーガ・スートラ』で、次のように言及されている。

ヨーガとは心の働きを止滅することである

ここでいう「心（citta《チッタ》）」とは、意識・無意識を問わずすべてのココロの働きを指し、「止滅《しめつ》（nirodha《ニローダ》）」とは、すべてのココロの働きが消滅した状態を意味する。

この一文は、ヨーガの到達点で得られる境地を表している。当時の私にとっては未知の世界だったが、その一端が甘露の経験から垣間見えたような気がした。また、甘露の経験を通して、心というものが外からの刺激に反応する性質を持ち、悩みやストレスもその性質ゆえに生じるのだとわかった。

私は、眉間への集中から始まる一連のプロセスを「**甘露の冥想**」と呼んでいる。甘露の冥想では、アージュナー・チャクラで起きた変化が、内分泌のネットワークによって各チャクラに伝わり、負の感情が統御される。そこには、苦悩を昇華させる精神性や経典の理解による論理性は介在しない。理屈で感情を抑えるよりも、生理的な変化によって感情を鎮める方が、強力かつ速やかな抑制になることは間違いない。

このような心のコントロール方法があるのは驚きだった。なにしろパートタイムながらも聖者ができあがるのだ。かつて同じ経験をした修行者が、驚嘆のあまり聖なる事象ととらえたのも、何ら不思議ではないだろう。

さらなる深淵へ

心の停止を経験できただけでも僥倖だったが、実は、私は甘露の冥想を通して一生の財産を手に入れていた。それは、無意識をコントロールする力が飛躍的に強まったことだ。

アージュナー・チャクラからの影響が視床下部を経て、脳内の「無意識の座」である辺縁系まで及んだため、意識と無意識の連動性が高まったと思われる。具体的には、私が「**潜心力**」と呼ぶ、無意識に入る能力が格段にアップした。さらに、イメージ層や浅い無意識層なら、冥想に頼らなくともある程度はコントロールできるようになった。
一般的には、修行者が深い冥想に入れるようになると、我々が暮らす現実世界である「娑婆」への興味が薄れて浮世離れしてくる。生きる軸足が無意識側へシフトするのだ。しかし私は、無意識のコントロール力が強まったおかげで、娑婆と無意識世界、両方の価値観を維持できるようになった。このことが後に、内側の力が人生を動かすしくみや、力と「運」との関係に気付く土台になったと考えている。

以上のような経緯で、私は肉体的苦痛から解放され落ち着きを取り戻した。当初の目的は果たされたわけだが、そこで冥想をやめようとは思わなかった。無意識世界の奥深さに魅了され、もっと知りたいという意欲が湧き上がっていたのだ。ここから私は、新たな気持ちで冥想に取り組み始めた。

やがて修習の中で神秘の一端に触れることになる。それは甘露の変化から始まった。ある時、甘露がムーラダーラ・チャクラまで落ちてしばらくすると、クンダリニが覚醒した時のように、尾てい骨が痙攣して熱が発生し、頭頂に向けて背骨を駆け上がったのだ。
しかし、以前とは異なり灼熱感や苦痛はなく、その代わりに言いようのない快感が伴っていた。エネルギーが勢いよく頭頂まで上がりきると、再び冷たい甘露の滴が落ちて、体の中心を貫くラインを下方に流れ始める。こうして甘露は、体内をグルグル回るように下降と上昇を繰り返した。

ちなみに、この描写から道教の周天法を連想する方もいるかもしれないが、甘露の冥想と周天法は全く別物で、エネルギーが通るルートも、得られる果報も異なる。

下降と上昇のプロセスを何度か経験した後、私は「サマディ」に入った。ここから私の冥想は新たな段階に進む。と言っても、当初は新しいフェイズに入った実感があったものの、起きたことの意味は理解できなかった。しかし幸いにも、サマディにまつわる記述はヨーガ文献などに数多く残されており、その意味を示してくれた。

サマディの位置付け

サマディとは、ごく簡単に言えば、冥想の深まりがある境界を越えたときに起きる心身の状態のことだ。日本では「三昧」「三摩地」などと呼ばれ、「解脱」や「覚醒」の訳語があてられる。もともと古代インドの伝統の中で培われたもので、仏典をはじめ、『ウパニシャッド』、古代ヨーガ、ヒンズー教、チベット仏教など、多くの文献に共通して登場する。特定の宗教に拠らず、人間が普遍的に経験できるものなのだ。

サマディは、『ヨーガ・スートラ』において、ヨーガ修行の階梯の最終段階に位置付けられている。この階梯について、佐保田鶴治の著書と私の経験に基づいてまとめたものが、表1-2だ。八つの段階を辿りつつ、サマディがどんなものであるかを述べておきたい。

1	ヤマ（禁戒）	サマディに入るためにしてはならないこと
2	ニヤマ（勧戒）	サマディに入るためにしなければならないこと
3	アーサナ（座法）	サマディに入るために安定した座り方を習得すること
4	プラーナヤーマ（調気法）	プラーナをコントロールして無意識に入ろうとすること
5	プラティヤーハラ（制感）	感覚を外界の対象から遮断すること
6	ディヤーナ（凝念）	心を特定の場所（客体）に結びつけること
7	ダラーナ（静慮）	凝念の修習によって得た明晰な意識を保ちながら、客体に対して精神の束を拡げていくこと
8	サマディ（覚醒）	静慮を続ける中で、客体も自己もなくなってしまう状態

表1-2　ヨーガ修行の八段階

初めに行うのは、「ヤマ」「ニヤマ」による土台作りだ。ヤマとは、してはならないことであり、非暴力、正直、不盗、禁欲、不貪の五つがあげられる。一方、ニヤマとは、積極的に為すべきことで、清浄、知足、苦行、読誦、自在神への祈念の五つがあげられている。これらは単なる宗教的戒律に止まらず、プラーナを上方に分布させるという目的を持つ。

ヤマで禁じられている行為はプラーナの上昇を妨げ、ニヤマで勧めている行為はプラーナを上昇させる。つまり、ヤマ・ニヤマに沿って、行動・言葉・思考のパターンを制御することで、プラーナが上がりやすい状態を作るのだ。プラーナが下方に分布していると即物的な思考から離れられないが、上方に分布すれば、意識がこの世から切り離されて深い冥想に入りやすくなる。

ヨーガの修行で神秘を垣間みられるかどうかは、ヤマとニヤマで決まると言ってもよい。

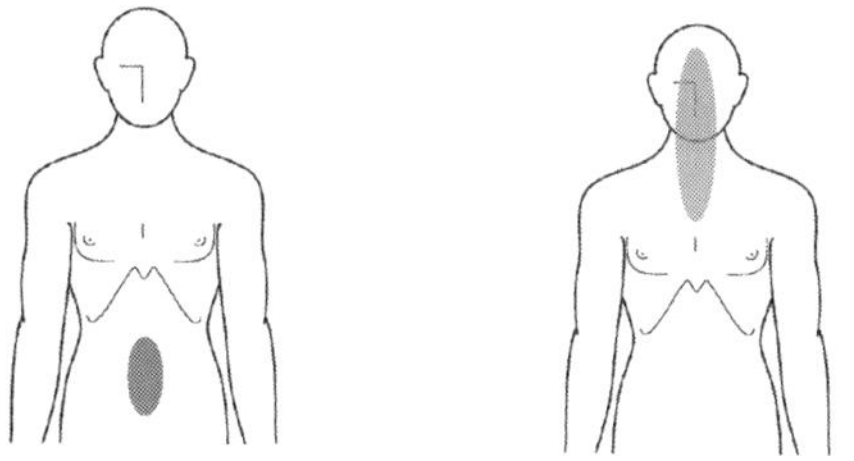

図 1-3　プラーナが下方に分布　　プラーナが上方に分布

三番目の「アーサナ」は、座法の習得である。

肉体的なポーズによって、プラーナが流れやすい状態を作るとともに、長時間の冥想に耐えられる座法を身に付ける。特に重要なのは、「蓮華座」に熟達することだ。蓮華座は、坐禅の結跏趺坐と同様の座り方だが、坐禅とは異なり、坐蒲《ざふ》という敷物は使わず、できる限り深く足を組む。この姿勢を取ると、下肢の血流を止めた状態で腰を反らせることになり、プラーナが上昇しやすい。また、上体と頭部は心臓の拍動によって絶えず揺れ動き、サマディに入る妨げとなるが、蓮華座なら揺れを最小限に抑えられる。

座法の熟達は、サマディに至るために欠かせない要素なのだ。

以上の土台に立って、プラーナを上昇させるために行う冥想技法が、四番目の「プラーナヤーマ」である。呼吸の統御によってプラーナをコントロールし、無意識に入ることを目指すのだ。

この技法に習熟すると、表層意識からイメージ層へと、入れる領域が深まっていく。それにつれて冥想中の体験も変化し、例えば、焼け焦げたような臭いがする、身体がいきなり熱くなる、ナーディを流れるプラーナの音が聴こえる、様々な色や光を見るなど、およそ「熱」→「音」→「色」→「光」の順で推移する。

五番目の「プラティヤーハラ」は、ヨーガの解説書では「制感」や「感覚器官の制御」などの訳語があてられている。表1-2では「感覚を外界《げかい》の対象から遮断する」という注釈を載せたが、さらに詳しい説明が必要だろう。

プラティヤーハラの目的は、五感による認識の虚妄性を悟り、「五感を超えた微細な認識能力」を身に付けることにある。我々が普段行なっている五感を使った認識方法は、娑婆に対応したもので、意識を物質の世界に固定する。前段階のプラーナヤーマまでは、冥想中もそういう習慣にとらわれており、体験はすべて、嗅覚、触覚、聴覚、視覚など五感に落とし込んだ形で認識される。おまけに、自身のイメージや観念などのフィルターもかぶさる。

そんな状態で冥想を続けても、意識を現実世界から解き放つことができず、サマディはおろか無意識層にも入れない。よって、次の階梯に進むには、五感に依存した認識方法から離れて、微細な認識能力を具足しなければならないのだ。

冥想が深まると、ある時から感覚が内側に向かい、やがて外からの刺激に反応しなくなる。これがプラティヤーハラの始まりだ。プラティヤーハラは、五感というものがいかに信頼できないかを教えてくれる。例えば、近くで大きな物音がしたはずなのに全く気付かなかったことがある。また、時間の感覚が変化して、「一炊の夢」の故事のように数分の冥想を長時間だと感じたことや、逆に集中できないと思ったのに実際は数時間経っていたこともある。

プラティヤーハラの修習が進むと、冥想体験の質が変化する。例えば「光」の体験なら、はじめは、迫ってくるクルマのヘッドライトや、自分に向けられたカメラのフラッシュなどのように、日常生活におけるイメージがノイズとして入り込んだヴィジョンを〝見る〟。しかし次第に、そういうノイズから離れて、内的な光を〝観る〟ようになっていく。

これが先述の「五感を超えた微細な認識能力」で、こうして無意識と直接触れ合う認識方法を、私は「**観受**」と呼んでいる。

ちなみに、観受能力がなければ、神秘世界と触れ合う機会があっても本質をとらえられない。例えば、私は前述の滝行の際、数名の行者と知り合った。クンダリニの覚醒のことなど一言も話していないが、彼らは私を見て、一様に「白蛇が憑いている」とか「龍神様が見える」と言う。彼らも何かを感じ取っているのだろうが、その認識は、各自の観念の枠から少しも抜け出ていないのだ。


さらに「ディヤーナ」、「ダラーナ」の階梯を経たのち、座法を組んだ足が硬直し始め、硬直が足から腰、腰から胸へと上半身に及ぶことがある。この状態がしばらく続くと心臓がショックとともに動きを止め、意識が肉体から離れる。ようやく「サマディ」が始まるのだ。

厳密には、生理的な意味で心臓が完全に止まるわけではないだろう。しかし動きが止まる手ごたえは確かにあり、拍動による体の揺れもなくなる。このような〝心停止〟を伴うがゆえに、サマディは、**冥想技法によって意図的に作り出された擬死状態**と言える。

サマディには「解脱」や「覚醒」の訳語があてられるものの、一度でその境地に達するわけではない。私も、はじめは、いつサマディに入り、いつ抜けたのかさえわからなかったが、回数を重ねるにつれて次第にわかるようになり、観受する内容もクリアになっていった。

ある時は、ナーディの存在を観受して、ヨーガの世界観を確認できた。またある時は、「意生身」という〝ココロによって作られた別の身体〟がチャクラから抜け出して、トンネルのようなところを高速で移動するなど、いわゆる臨死体験に似た経験をした。

このような五感を超えた経験、神秘の世界につながる経験を重ねるうちに、常識へのとらわれ、時間的・空間的に狭窄した認識、苦楽へのこだわりなど、意識の変容を阻んでいたものが垢のように剥がれ落ちる。その後しばらくして、自分が今までとは異なる地平にいることに気付き、変容したという自覚が生まれる。ようやく、解脱や悟りと呼ばれる状態に向けての歩みが始まるのだ。

なお、サマディは思わぬところでも変化をもたらした。私は小学校に入る前に吃音を発症し、矯正所に通っても改善しなかった。今の私を知る人には想像できないだろうが、かつては口喧嘩にあこがれていたのだ。その吃音が、サマディに入ったとたんあっさり消えた。おそらく、発症した原因は死と向き合うことのストレスで、サマディを通して多少なりとも死を咀嚼できために、症状が消えたのだろう。

根源体験

サマディにおける経験の一つに、後に「根源体験」と名付けたものがある。これは、とりわけ強烈な印象として刻印されている。

ある時、サマディの中で、遠くに光の塊が観えてきた。塊は無数の小さな光の粒が集まってできており、絶えず動き、うねり、生き物のようにうごめいていた。

意識を粒の一つに向けると、その中に入ってしまい、過去の一場面が再生された。さらに違う粒に入ると、異なる場面が再生される。注意深く観察すると、粒の一つひとつに、過去に経験した場面が記録されているようだった。

一つの粒に意識を向けるごとに別の場面が再生され、次第に幼年期へと時間をさかのぼることができた。

はじめに観えた光の塊を突き抜けると、その先には別の塊が存在していた。そこで光の粒に入ると、現れたのは経験したはずのない場面だった。にもかかわらず、なぜか覚えているという不思議な感覚があり、懐かしく、震えるような感動に包まれた。

私は、触れてはならないものに触れてしまったような気がして、冥想を終えてからも、しばらくは何も考えられなかった。

観受したものを素直に受け取るなら、深い無意識層には、私がこの世に生まれるよりも前の経験が存在していることになる。つまり、幼い頃から抱き続けた「生まれる前と死んだ後」の謎に切り込む糸口が、思わぬところで示されたのだ。私は、根源体験を機に、この疑問に改めて目を向けた。

もっとも、観たものを素直に受け取ってよいのか、という疑いも捨てきれなかった。

まず、認識能力の問題がある。先に述べたように、深い無意識層では五感は通用せず、「五感を超えた微細な認識能力」で観受することになるが、この方法による認識は、冥想の深まりにつれて曖昧になる。暗いトンネルに入るときのように、入り口付近でははっきりしていても奥に行くほどぼやけるのだ。当時の私は、どの程度の深さまで明晰な観受能力を保てるのか、よくわかっていなかった。

ということは、私が観たものに認識の歪みがないとは言いきれない。特にイメージ層の情報にとらわれているおそれがある。これは、私が「イメージ層への没入」と呼ぶ状態で、妄想とも紙一重だ。

没入のリスクは、冥想中の自律性を保つ力が弱いほど、またイメージ層に存在する情報が多量で雑多なほど高くなる。

古来、冥想を伴う宗教は、できるだけ情報に触れないように、静かで刺激の少ない深山幽谷に拠点を持った。しかし現代の日本に生きる私は、ある程度の情報を取り入れざるを得ないため、イメージ層に没入しているおそれが拭えなかった。

私は疑念を解消すべく、体験を慎重に吟味した。『ヨーガ・スートラ』等の文献に照らせば、階梯を踏んでいることが確認できた。サマディ中の経験も、文献の記述と一致する点が多い。さらに、条件が整えば光の粒に類するヴィジョンを繰り返し観るようになった。これは、イメージ層に没入している場合にはあり得ないことだ。

以上により、私は間違いなく無意識の深層で、「経験していないのに覚えている」ヴィジョンを観たのだと判断した。つまりそこには、生まれる前の経験が本当に存在していると考えられるのだ。

なお、本書における「ヴィジョン」という言葉は、主に観受能力で〝観た〟ものに対して用いている。

実は、根源体験の直前にも、もう一つ印象深い経験があった。それは、後に「中陰の経験」と名付けたもので、死後に入る「中陰」というフィールドを垣間みたのである（詳細は第四章で述べる）。

二つの経験は、同時期に起きたことから関連が深いと思われた。その意味を考察するうちに次の考えがまとまり始めた。

無意識の最深部には、経験がデータとして蓄積されている。それは今生の経験によるデータだけではない。生き変わり死に変わりしながら通り抜けてきた「前生」の経験のデータも保存されている。すなわち、仏教に説かれる輪廻は実在すると考えられる。

生と死に対する私の見解は、この考えを核に形成されていく。存在の疑問に向かう姿勢が、曲がりなりにも「探究」と呼べるものになるのは、この頃からだ。

そして見解が「論」として結実するまでには、さらに二〇年余りに及ぶ検証が必要だった。読者の方も、もうしばらくお付き合いいただきたい。

アーラヤ識との出会い

見解の方向性が定まるきっかけとなったのは、根源体験の手掛かりを求める中である思想と出会ったことだ。それは「**阿頼耶識**《あらやしき》」（以下 アーラヤ識）を中核とする唯識思想だ。アーラヤ識についてはご存じの方も多いと思うが、少し触れておこう。

アーラヤ識とはココロの最深層にあたる精神領域だ。そこには過去世からの一切の経験が「種子《しゅうじ》」として蓄えられており、アーラヤ識あるが故に人間は輪廻するとされる。

この思想を説いた唯識学派は、部派仏教時代の後《のち》に現れた大乗仏教の一派である。彼らの説によれば、「**万法唯識心外無別法**《ばんほうゆいしきしんげむべっほう》」という言葉に象徴されるように、すべては人間のココロの根底にあるアーラヤ識の表象に過ぎず、人間が現実の世界を実在と思っているのは誤りだ。

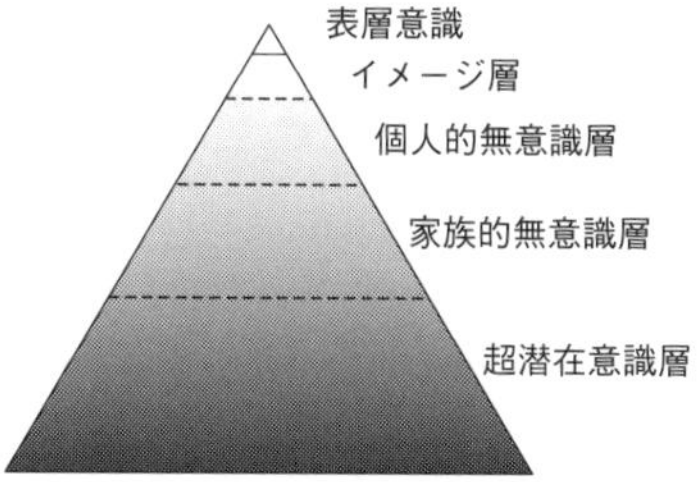

図 1-4　ココロの階層

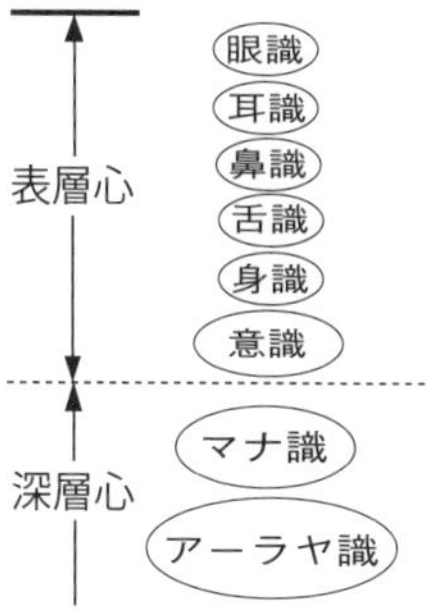

図 1-5　八識説

例えば「花を見る」という行為は、現実の花を目で見ているのではなく、アーラヤ識に潜在的に存在している花という形象と、それを知覚する能力とが、共に現勢化するときに行なわれる認識作用とされる。

アーラヤ識の働きは多様で、それぞれに応じた別名がある。現象界の一切を展開生起させる能力を有する「一切種子識」、身体や生命を維持する働きを持つ「執持識（阿陀那識、アーダーナ識）」、過去世の業の結果として生じている「異熟識」、他の識の根本となる「根本識」など、すべてアーラヤ識の一面を表すものだ。

識とは認識機能を表し、もともとは、眼識・耳識・鼻識・舌識・身識・意識の「六識」とされていた。唯識学派は、それらの下に「末那識（マナ識）」と「アーラヤ識」があるとして、八識説を唱えた。末那識とは意識より深い層に存在する自我意識だ。アーラヤ識はさらにその下層にあり、眼識から末那識までを生み出す根源的な領域とされる。

八識説はココロの姿を階層状にとらえており、深層心理学のとらえ方とも近い。本書では、一般的に知られている深層心理学の階層分けをベースにしているが、最深部の超潜在意識層の働きについては、唯識論の方が精緻に見つめている。

根源体験とアーラヤ識

唯識思想との出会いを通して、根源体験はアーラヤ識もしくはそれに近い層の体験ではないかと考えるようになった。一つには、まとまりつつあった私の見解は、次のように、骨格部分において唯識思想と大きく重なっていたからだ。

- 我々の経験は「データ」としてココロの深層に蓄積される
- ココロの深層に蓄積されたデータは具現する

経験がアーラヤ識に「種子」として蓄えられ、種子からは現象界の一切が展開生起するという考えは、まさに、データの蓄積と具現に合致している。

また、ここに至った道筋も唯識学派と似ていた。唯識学派は瑜伽行、すなわちヨーガの実践に重きを置いたことから「瑜伽行派」とも呼ばれている。アーラヤ識をはじめとする唯識思想は、頭で考え出されたものではなくヨーガの実践から生まれたものだ。

理論的必要性からアーラヤ識が想定されたという説もあるが、仏典におけるアーラヤ識の記述には、冥想経験者にしか語れない部分が随所にあり、瑜伽行の実践に基づいていることは間違いない。

私もクンダリニ・ヨーガの階梯を踏んで、根源体験を筆頭に様々な無意識世界の経験を重ね、先の考えにたどり着いたのだ。

当然ながら、私の実修が当時の瑜伽師たちと全く同じだったとは思わない。瑜伽師たちは体系的な修行法を専修していたが、私の実修は、苦痛から逃れるべく試みた様々な修行法の〝ごった煮〟から始まった。切羽詰まって、効果がありそうな道具を必死に掴んだところ、それがヨーガだったというわけだ。

入り口は異なっても、同じ道具を使って似た結論に至ったということは、私の無意識世界における経験も、彼らと似ている可能性が高いと考えられた。

しかし私は、アーラヤ識の体験だと断定しなかった。なぜなら体験から導き出される解釈が、唯識思想と全面的に一致するわけではないからだ。

例えば、唯識思想では、すべては人間のココロの根底にあるアーラヤ識が生み出す表象に過ぎず、現実の世界は実在ではないとするが、私はそういう解釈には至らなかった。この違いについて述べることは、本書の意図から離れるため別の機会に譲りたい。

また、経験の蓄積についての解釈も異なった。唯識思想では、果てしない過去からこの刹那

データの種類		刻印性
1	輪廻を超えて持ち越されるデータ	強
2	中陰で消えるデータ	
3	死とともに消えるデータ	∨
4	生きている間に具現して消えるデータ	
5	データにならない雑多な知識や情報	弱

表1-3　データの刻印性

までの〝一切の〟経験が種子として蓄積されると説くが、私はそうは思わなかった。

経験の蓄積についての考えは、後に次のように整理された。経験はすべてが一律に蓄えられるわけではなく、データにすらならないものから輪廻を超えて持ち越されるものまで幅がある（表1−3）。

経験が無意識に根付く強さを、私は「データの刻印性」と呼んでいる。刻印性が最も強いデータは輪廻を超えて持ち越され、次の生において種子となる。これが序章で述べた「**深部データ**」である。

例えば、強烈な感情の動きを伴う経験は強い刻印性を持つし、果てしなく繰り返された経験は、一回一回は弱いものの、反復の結果、刻印性が強まって無意識に強く根付く。

一方、それらに該当しない日常の経験は刻印性が弱く、輪廻のプロセスで消えていく。ましてや見聞きしただけの雑多な知識や情報などは、無意識層に蓄積されるにも至らない。

唯識思想が成立した当時のインドで冥想修行をしていた瑜伽師たちは、現代の我々と比べて、刻印性の弱い情報を取り入れることが極めて少なかった。これゆえ彼らは、〝一切の〟経験が蓄積されると考えたのではないだろうか。

このように解釈に差が出るということは、私が観たのはアーラヤ識の手前、もしくは奥にあるものかもしれない。あるいは、アーラヤ識を観たが、「サピア＝ウォーフの仮説」のように、瑜伽師たちとは用いる言語が異なるために異なる解釈をしたのかもしれない。

いずれにせよ、彼らとよく似た体験をしたことは間違いないと思われた。こうして私は方向性を同じくする先人がいたことに気付き、存在の深層に迫るための道標として、仏教思想を中心に置くようになったのである。

とは言え、私は仏典を専門的に学んだわけではなく、探究の一環として、経験という足場から辿れる範囲で触れたに過ぎない。このため、仏典に対する自身の解釈が絶対に正しいとは考えておらず、必要に応じて修正する姿勢は持ち続けている。

衝動存在論の土台

資料に当たる中で、『阿毘達摩倶舎論』という論書との出会いが大きな節目をもたらした。

この書は、瑜伽行唯識学派の基礎を築いたヴァスバンドゥ（世親）によって五世紀に著されたものだ。一般的には『倶舎論』で知られ、アビダルマ論書の完成形として位置付けられる。

その中にこういう記述がある。

……煩悩《ぼんのう》の睡《ねむ》る位を、説いて随眠《ずいみん》と名付く。覚《さ》むる位においては、すなわち纏《てん》と名付く。何をか名付けて睡るとする。謂わく、諸の煩悩の現行《げんぎょう》せずして、種子の、随逐《ずいちく》するなり。何をか名付けて覚とする。謂わく、諸の煩悩の現起して、心を纏《てん》ずることなり。何等を名付けて、煩悩の種子《しゅうじ》とする。謂わく、自体の上の差別《しゃべつ》の功能《くうのう》なり。煩悩より生じて、能く煩悩を生ずること、念の種子は、是証智《しょうち》より生じて、能く当の念を生ずる功能の差別なるが如く、又芽《げ》等の、前《ぜん》の果より生じて、能く後の果を生ずる功能差別有るが如し……

（『冠導阿毘達摩倶舎論　分別随眠品』）

意味は次のようになる。

煩悩が眠っている状態を「随眠」、目覚めた状態を「纏」と名付ける。煩悩が眠るとは、植物が種子として眠っているように、具現せずにココロの奥深く眠っていることを言う。覚とは、眠っていた煩悩が表面に表れて、纏わりつくように意識の働きを奪い取ってしまうことを言う。煩悩の種子とは、いま現れている煩悩が動きを収めた後も、その影響はココロの奥深く潜み、再び随眠となって、次の煩悩を呼び起こす種になるということだ。植物の芽が前の果実から生じて、後の果実を生じる能力を持っているのと同じことである。

この記述を見つけた時、私は狂喜した。なぜなら、私が考えていたことそのものだったからだ。序章で述べた、無意識層のデータが衝動エネルギーとして我々に干渉するという働きについて、次のように『倶舎論』の記述と並べてみれば、同じ事象を描いていることがおわかりいただけるだろう。

データ ➡ 衝動エネルギー ➡ 心・環境に干渉する
種子・随眠 ➡ 煩悩 ➡ 纏として意識にまとわりつく

『倶舎論』には、他にも随眠の種類や性質が詳細に書かれているが、私にはこの一節だけで十分だった。歴史の彼方に、同じようにヨーガの実践をし、同じ考えに至った修行者たちがいたのだ。

私は、自分の考えが、生や死のしくみの一端をとらえている手応えを得ていたものの、如何せん話が大きすぎて思い込みではないかという不安がぬぐいきれなかった。しかし『倶舎論』に出会ったことで、大筋では間違っていないと確信できた。

「輪廻を超えて持ち越された深部データ（種子）が、衝動エネルギーとして我々の心や環境に干渉する」という見解の軸は、こうして確立した。

そこからさらなる探究を重ねて、しくみの姿が明確になっていく。後に私は、生や死に関する自身の見解に「**衝動存在論**」と名付けた。本書でもこれ以降はそう呼ばせていただこう。

その後の探究においても、仏典はヨーガ経典とともに心強い道標となった。中でも私が基本に置いたのは初期仏典である。

『倶舎論』や唯識思想の登場は初期仏教より時代が下がるものの、『倶舎論』は、初期仏教経典「アーガマ」を研究するアビダルマ論書の集大成と言えるものだ。また、後述するように、釈迦牟尼は瑜伽師たちと同様に冥想修行を実践していた。つまり、これらの思想には初期仏教の姿が色濃く伝わっていると考えられる。必然的に私は、源流にある初期仏教を重視するようになったのだ。

そして、初期仏教からのつながりが明確に確認できるものは、「広義の初期仏典」として扱っている。本書の記述もこの立場に則っていることをご承知おきいただきたい。

根源体験ができた理由

以上のように、衝動存在論が形成される過程では根源体験が大きな役割を占めており、その体験は、おそらく古代の瑜伽師たちと共通するものだ。

「現代人がそのような深い境地に至れるのか」と思われた方もいるだろう。もちろん、瑜伽師たちと私では、冥想で到達できる境地には大きな違いがある。しかし、少なくともアーラヤ識を観受できるレベルの冥想に入ることは、時代に関わらず、きちんと条件が揃えば不可能ではないと考えている。

それは、「すべてのものは、アーラヤ識の表象《ひょうしょう》として存在する」という、常識と真っ向から対立するような概念が、唯識学派に定着したことから導き出せる。一人の天才的な修行者だけがそういう概念に結びつく冥想体験をしたのなら、歴史の中に埋もれてしまっただろう。そうならずに概念化されたということは、同様の体験をした瑜伽師たちが一定数以上いたと考えられる。そして当時の私にも、現代日本人としては例外的に、彼らに近い条件が揃っていたのである。

私が深い冥想に入れた要因は、後の探究の道筋とも関係するため、ここで紹介しておきたい。


【冥想的要因】
1 無意識が著しく活性化していた
2 ヨーガの体系に沿った実践をしていた
3 無意識に触れたいという欲求が並外れて強かった
【肉体・環境的要因】
4 年齢が若かった
5 食事と睡眠時間が少なく、体重が極限まで落ちていた
6 社会生活への関心が薄れていた

7　冥想に適した外的環境が整っていた

一番目にあげた無意識が著しく活性化していたことについては、最後にお話しするとして、他の要因から見ていこう。

二番目は、ヨーガの体系に沿った実践をしていたことだ。既述のように、私はクンダリニ覚醒の苦痛に向き合う中で、期せずしてクンダリニ・ヨーガの階梯をなぞり、ヨーガの呼吸法を修習していた。

三番目は、無意識に触れたいという欲求が並外れて強かったことだ。表層意識レベルの冥想の真似事はさておき、無意識に入る行為は、「生」を離れて「死」という禁断の領域に近づくことを意味する。このため、深く入ろうとすれば本能的な恐怖が生じ、拒否反応が現れる。

通常、そのような反応を乗り越えるには、身を委ねられる教えや指導者を〝拠り所〟にするのが最も安全かつ確実で、これゆえ冥想という行為は、宗教の枠の中で行われてきた。

そういう拠り所を持たない私に、さほど拒否反応が現れなかったのは、無意識に触れたいという抗し難い欲求が恐怖を上回ったからだろう。さらには、幼少期の英才教育が緩衝材になってくれたのかもしれない。

肉体的にも、冥想に適した条件が揃っていた。冥想は精神的な技術と思われがちだが、実は肉体的条件が非常に重要になる。最深部の無意識に飛び込むには、人間に備わっている機能を限界まで使わなくてはならないのだ。

肉体面での大きな要因は、若かったことと、体重が極限まで落ちていたことだ。一般的に、年齢が若いほど、体脂肪率、心肺の強さ、ホルモン分泌量などの面において、深い冥想に入るには有利になる。また、体重が落ちると、冥想に適した蓮華座をきちんと組める体形になる。

社会的環境や生活環境という外的要因も大きく関わっている。

当時の私は、ひたすら冥想に打ち込んだと言えば聞こえはいいが、実のところ社会生活を半ば投げ出していた。このことが、環境面でのメリットをもたらした。

他人との会話や金銭的なやりとりがあると、これらを介して相手からの無意識レベルの影響が伝わり、深い冥想が妨げられる。こうした接触は必要最小限しか持っていなかった。

また、異性や金銭など外界の対象にとらわれると、対象に応じたチャクラからプラーナが漏れ、そこから上がらなくなってしまう。そういう漏れも皆無に近かった。

さらに五感を刺激する様々な情報は、無意識に波紋をもたらし、サマディに入りにくくするが、私はテレビをはじめとする楽しみのための情報にほとんど触れておらず、住んでいたのも閑静な場所だった。

表の私を取り込もうとする力

二番目から七番目までの要因が、古代の瑜伽師たちに近い条件だったことは間違いない。しかしこれだけでは、彼らと同様の経験はできなかっただろう。深い冥想を可能にした最大の要因は、私の無意識が著しく活性化していたことだ。

そのことは、かなり後になって判明した。ある時から私は、冥想に入らずに無意識の状態をつかみたいと考え、序章で述べた「衝動分析」のシステムを作り上げる。そして自身の衝動を分析したところ、二〇歳前後は、私の無意識活動が人生で最も強くなっていたことがわかった。これが、瑜伽師に及ばない部分を補ってくれたのだ。

基本的に冥想のプロセスは、無意識に受け入れられることで進む。よって冥想者は、無意識が扉を開けてくれる時まで、修習を重ねなければならない。ところが私の場合、活性化した無意識の方から働きかけて、深い層に引き入れようとした。

振り返れば、私が幼少期から存在についての疑問を抱き続けたのは、人間の根源に迫ろうとする欲求が、種子として内側にあったからだろう。そこから生じた衝動エネルギーが私を無意識世界へと誘ったのである。

私には以上のような数々の要因が揃っていたが故に、深い冥想に入れた。しかし逆に言えば、これらの要因が必要ということは、現代の日本で冥想を軸に探究を続けるのは非常に困難だ。やがて私はそれを痛感し、方向性を変えることになる。

第二章　神秘から現実へ

私の探究は内側の力に誘われて始まり、冥想を通じて深まったが、やがて現実世界へと足場を移すことになる。本章では、冥想によらない新たな探究の道を見出し、内側の力の現れである衝動エネルギーと人生との関連性を把握していく過程をお話ししたい。

箱庭の中の冥想

私は、冥想を通じて存在の本質に迫れると思っていたが、ほどなく限界に直面する。兆候は、サマディの前から現れていた。誰かと話すたびにプラーナが下がるようになったのだ。その傾向は次第に強まり、街に出たときなどは吐き気や頭痛を伴うこともあった。

いったんプラーナが下降すると、元に戻るまでは深い冥想には入れない。そればかりか、感情のコントロール力をはじめ、修行で身に付いた力も軒並み低下する。つまり、物質世界に閉じ込められた一般人と同じ状態になってしまうのだ。外界《げかい》と触れ合うたびにそういう状態に陥り、せっかくつかんだ探究の足場がいともたやすく揺らぐことに愕然とした。

このことをきっかけに、私は、冥想に代わる探究の道はないものかと考え始めた。

冥想で観受する無意識世界は極めて繊細で、日常との共存が難しい。それどころか、いずれ深い冥想に入れなくなると思われた。サマディをはじめとする貴重な体験ができたのは、第一章の最後で述べたような要因があってこそだ。つまり、私は深い冥想を妨げない〝箱庭〟の中にいたのである。

しかし、現代の日本でそんな状態を続けることは現実問題として不可能だ。普通に生活すれば、次のように、冥想には不向きな要因に囲まれることになる。

・カネを使わざるを得ない
・メシを食べざるを得ない
・雑多な情報に満ち満ちている
・人工的な電磁波に満ちている

カネには「色」が付いている

要因の筆頭は、「カネ」だ。我々が生きるにはカネを使わざるを得ず、そのカネを稼がなければならない。そんな当たり前のことの、どこが問題なのだろう。

実は、カネは商品や労力の対価として機能するだけでなく、無意識的な特性を伝える媒体にもなる。我々は、カネを受け取るという行為を通して、元の持ち主の影響を無意識レベルで受けるのだ。それはあたかも、持ち主の無意識的特性に応じた「色」がカネに付き、受け取り手を染めるようなもので、この「カネの色」が深い冥想の妨げになる。

ここで言う無意識的特性とは、**持ち主の個人的な衝動趨勢や、職業などで同じ行為を繰り返すうちに染みついた無意識的な傾向**のことを指す。例えば、公務員など、社会制度を維持するための職業に長く携わると、自身を変容させる力が弱まる。マスコミ関係などの、大量の情報を扱う職業に長く携わると、慌ただしい時間の流れの中で、「早く、広く」考えることが日常化される。そういう思考や行動パターンが無意識的な傾向として定着するのだ。

加えてカネは、認識能力を封印された人々の間を回り続けているため、五感や現実世界に意識を固定する「**非神秘性**」という色も付いている。

このような、個人的特性と非神秘性とが混ざり合った「カネの色」が、受け取り手の無意識に影響を及ぼす。

以上の図式は、個人間のカネの流れだけでなく、公から個、集団から個など、様々な流れにおいても成立する。普通に生活していれば、誰もがカネの色の影響を受けるのだ。

額が大きい遺産相続などの場合はともかく、日常的な金銭のやり取りで移ったカネの色の影響は短期間で消えるため、普通に生活する分には差し障りはない。しかし、冥想者、とりわけ深い無意識に入ろうとする者にとっては、重大な問題になる。カネの色の影響によって心に波紋が起き、無意識に入りにくくなるのである。

カネ以外の要因も深い冥想を妨げる。一般的な食事を摂れば、消化する間、プラーナが胃腸周辺に集中して上昇しない。テレビなどの雑多な情報は、「イメージ層の汚れ」や「イメージ層への没入」のリスクをもたらす。

人工的な電磁波は、実感として、どの周波数でも冥想を妨げる働きが非常に強い。おそらく脳自体に電気的波紋を引き起こすことで、生理的な側面から無意識に入れない状態を作るのだろう。現代人は、そんな電磁波の海に溺れていると言っても過言ではない。

このような環境で冥想を続けても、サマディはおろか、はるか手前の「プラティヤーハラ」に至ることすら難しくなるのは、容易に想像できた。

もし私が、生涯を通して冥想修行に没頭できる種子を持っていたなら、必ず外側の縁を呼び、もっと冥想に適した環境に生まれたはずだ。現代日本に生まれたということは、畢竟、私の中にそれだけの種子がなかったのだろう。

この前提に立てば、無意識世界を通じた存在の探究を続けるために、冥想に代わる手段を探すことは理に適っていると思われた。

ちなみに、高い境地を維持する難しさについては、あの司馬遼太郎も言及している。

……一般に悟りというのはあるいは得ることができても、それを維持することが困難なように思える。生涯、それを維持するために精神を充実させつづける必要があるが、ふつうは、俗世間のおもしろおかしさのために、ただの人間以下にもどってしまうことが多い。もどったところで、禅僧としての地位の高さから世間はそうは見ず、また当人も自分自身を自分に対して弁護するために多くの禅語や禅宗独特の修辞を動員したりする。たとえば、自分は融通無礙の境地にあるのだと思いこむだけで、自分のたいていのことは、まず自分が許してしまうのである……（『播磨灘物語』）

ここでの「悟り」は、修行によって備わった境地と考えたらいいだろう。僧たちは高い境地を維持できず、難しい言葉や思い込みでごまかすようになると、司馬は喝破《かっぱ》する。

この類の記述は司馬の著作にときおり登場するもので、おそらく彼の宗教観であろう。しかし当時の私にとっては、我が身に迫るリスクを言い当てられたかのようだった。

言葉にできる認識方法

冥想に代わる道を考え始めたのには、もう一つ理由がある。私は、無意識世界で得たものを現実に利用できないかと思うようになっていた。しかし冥想での観受は、この目的には適していないのだ。

無意識層のデータは、衝動エネルギーとして我々の心や環境に影響する。ということは、衝動の姿や動きをあらかじめ把握できれば、人生を先まで見通すことができるはずだ。

そのためには、普段の我々が行なっている「言葉という道具を用いた論理的思考」に組み込める形で衝動を把握することが必要になる。

しかし観受は論理的思考とは相容れず、観たものを明確に言語化するのは非常に困難だ。無理に言語化しようとしても、ノストラダムスの予言書や、宗教におけるご宣託のように、どうにでも解釈できる表現にならざるを得ない。本書が無意識の姿を曲がりなりにも明確に表現できるのは、長年の考察と検証を経て咀嚼した結果を文章にしているからだ。

何度も深い冥想に入れば、クリアに観受できるようになるものの、言語化の困難さは変わらない。ましてや深い冥想に入ること自体も難しくなるのだから、どうしても別の手段が必要だった。

これら二つの理由から、冥想以外の方法で衝動エネルギーをつかむ手立てを探り始めた。

新たな無意識言語を求めて

新たな方法を探すに当たって着目したのは、「無意識言語」だった。これは深層心理学の用語で、文字通り、無意識が発する言葉という意味だ。

私は、無意識言語は二種類あると考えている。冥想によって無意識と直に触れ合い、そこで

種別	認識方法	特徴
・直接的無意識言語	冥想によって観受する	繊細、不安定、言語化は困難
・間接的無意識言語	症状・象徴・選択などのサインを読む	曖昧、安定、比較的言語化しやすい

表 2-1

観受するものは「直接的無意識言語」。これに対して、表に現れた無意識のサインが「間接的無意識言語」である。

間接的無意識言語は、無意識が姿を見せてくれる窓だ。そこから見えるものは多くの意味を内包するシンボルだが、冥想における観受と比べると言語化しやすいことは間違いない。つまり、間接的無意識言語の中に、私の求める方法があると見当をつけた。

代表的な間接的無意識言語は、症状言語、象徴言語、選択言語の三つだ。

症状言語はフロイトの開拓した「個人的無意識層」と、象徴言語はC・G・ユング（1875～1961）の指摘した「集合的無意識層」と関連している。そして選択言語は、第一章で触れたソンディが発見した「家族的無意識層」と関連する。

最初に取り上げたのは、「夢」である。夢はフロイトが注目した無意識言語で、無意識からのメッセージだということはよく知られている。これを継続的に記録し解析して、無意識の欲求が水面下でうごめく様子を推測しようとした。

しかし夢は、多くの場合あいまいな解釈しかできず、指標にするだけの確実性は認められなかった。後に「衝動分析」を確立してから、衝動の動きと夢が連動することは確認できたが、夢の解析は単独で実用に足るものではなく、今に至るまで補助的な位置付けに留まっている。

次に試みたのが「ソンディ・テスト」である。これは「ソンディ心理学」で用いられるツールだ。

ソンディ心理学は、先祖の抑圧された無意識的な欲求が一族の間で継承され、子孫の恋愛・結婚・友人・職業などの選択行動に介入して運命傾向を決めると説く。別名を「運命心理学」という。この中で、先祖の無意識的な欲求から現れる力のことを衝動と呼んでおり、「衝動エネルギー」の名称は、これを参考にしている。

ただし、意味は同じでないため、今後、ソンディ心理学における用語は〈衝動〉と表記して区別する。私の言う衝動との違いは、第三章で触れる。

ソンディ・テストは、〈衝動〉を読み取るための検査である。特定の〈衝動〉が極端に強い精神疾患の患者や犯罪者の顔写真が、八枚一組で六組分用意されており、各組から好きな人と嫌いな人を選ぶ。この作業を一〇日間連続して行い、選ぶ頻度や順番から、被験者に内在する欲求の性質と強さ、近い将来に表に出てくる欲求を読み取るのだ。

このテストで読み取れる〈衝動〉は、衝動エネルギーそのものではないにせよ、類似の力だと思われた。実際に、冥想で観受したヴィジョンや夢と照合すると、読み取った結果は、無意識の動きをある程度正確に反映していた。

しかし残念ながら、欲求が無意識のどの層から現れているのか、いつ具体化するのかが不明確だった。さらにテスト自体に一〇日間という日数を要する点も問題だった。

観受能力を手がかりに

模索するうちに、私が望むことは次の三つに集約されてきた。

- **衝動エネルギーを明確に読み取れる**
- **事前に衝動エネルギーの変化がわかる**
- **他人の衝動エネルギーが客観的にわかる**

三つを満たす無意識言語を探すには、冥想で備わった観受能力が大いに役立った。無意識と直接触れ合う観受という認識方法は、日常でもある程度は使えるのだ。

それがわかったのは、ふとした出来事からだった。友人との会話中に、理由もなく苛立ちを感じることに気付いた。彼と別れて五分も経つと平静な心に戻る。

注意していると、別の友人の場合は決まって形而上の思考ができなくなり、さらに別の友人なら性的に刺激されるなど、この現象は頻繁に起きた。それも会話の内容や相手の態度とは全く関係なく、相手ごとに固有のパターンで私の心が変化する。

もしやと思い、彼らにソンディ・テストを受けてもらったところ、各人から感じたものと同じ傾向が表れていた。

この理由は後に判明した。人間は、私が「アイドリング・エネルギー」と呼ぶ微弱な衝動エネルギーを絶えず漏らし続けている。私は彼らのアイドリング・エネルギーを観受していたのである。

観受した傾向は、他人の衝動をつかむ際の〝模範解答〟に使える。これを利用しながら、もっとスピーディかつ明確に衝動を読み取れるツールを探した。

その中で最も手ごたえを感じたのが、西洋占星術で用いる「ホロスコープ」だ。

実はそれまで、ホロスコープには星占いの印象が強く、あまり重視していなかった。しかし改めて考えると、西洋占星術の歴史は古く、ユングが診察に用いた記録もあることから、無意識言語である可能性は高い。しかも生年月日や出生地・出生時間さえわかれば誰のものでも作成できるのだから、第三者の衝動を読み取るツールとしても使えると思われた。

結論から言うと、ホロスコープは読み解く視点と奥行きを変えることで、衝動の姿をつかむために不可欠のツールとなった。

ヨーガや初期仏教から始まった話に、いきなり異質なものが登場したように感じる方もいるだろう。天体の動きに基づくホロスコープと、生身の人間が持つ無意識の働きが関連しているなど、私も、おいそれとは信じられなかった。しかし、ホロスコープを扱い始めた一九八〇年頃から、十数年にわたり慎重に検証を重ねた結果、間違いなく衝動の姿をつかめることが確認できたのだ。

無意識活動と連動するホロスコープ

では、ホロスコープはいかにして衝動を読み取るツールに変容したのか、その過程をお話ししたい。

まず私は、本当に使える見込みがあるのか確かめた。用いるホロスコープは「**出生図**」と「**経過図**」の二つだ。出生図とは、地球を円の中心に置いて、太陽系の各惑星がどの方向にあるのかを円周上に示した配置図で、我々が生まれた時間と場所を基準に作成する。経過図とは、出生図の外側に、ある特定の時間における惑星配置図を重ねたものだ。

確認のサンプルにしたのは、人生の節目と言えるような出来事である。例えば、私のクンダリニ覚醒、友人たちの進路決定、家庭環境の急変などだ。

そういう出来事の背後には、必ず心や環境を変化させる強い衝動エネルギーが存在する。その時の経過図を作成してみると、どの図にも平時には見られない特徴的な惑星配置が表れていた。つまり強い衝動エネルギーとホロスコープの惑星配置は、関連する可能性が高いのだ。

強い衝動エネルギー　―　心や環境の変化　―　ホロスコープの惑星配置

この結果に納得した私は、衝動とホロスコープとの関係を本格的に探り始めた。ただし、占星術的な視点に立ったままでは新しい発見はないと考え、次のように方針を定めた。

・初期仏教的世界観を背景とする
・占星術的解釈から離れて、ホロスコープは衝動を映し出すスクリーンだと考える

西洋占星術の土台はギリシャ神話的世界観であり、ホロスコープは「天からの啓示」と位置付けられている。しかし私は、初期仏教的世界観の中に置いてみることにした。

また、従来の惑星記号の解釈にとらわれず、ホロスコープを、衝動が影絵のように映し出されたスクリーンと見立てた。影絵から本体である手の形を想像するように、ホロスコープから衝動の本体を推測しようということだ。

これを踏まえて、実際に無意識から現れる衝動を「**実衝動**」、ホロスコープに映し出された衝動を、仮の衝動という意味で「**虚衝動**」と名付けた。

性質・強さ・時期

衝動を現実に利用するために、必ず把握すべき要素として私が考えていたのは、実衝動が心や環境にもたらす変化の「性質」、影響力の「強さ」、干渉する「時期」の三点だ。これらを、虚衝動を通じて事前に把握できるなら、ホロスコープは目的に適うのだ。

実衝動は、冥想中の心の状態や現実の出来事、意識の働きに影響するため、そこから性質と強さを判断できる。これらが虚衝動に反映されているか確認するため、私は繰り返し次の三点を照合した。

- **冥想中の微細なココロの状態や観受したヴィジョン**
- **意識の状態と実際の出来事**
- **ホロスコープ上の惑星配置として表れる虚衝動**

まず、実衝動の「性質」に注目して三点を照合すると、非常に高い確率で連動していることがわかった。

例えば、混乱や忘我という性質の実衝動に干渉されると、ヴィジョンに振り回されて冥想が深まらず、現実でも注意力の欠如や思い込みによるミスが増える。そんな時には、ホロスコープ上でも、特定の惑星配置（虚衝動）が表れている。

様々な性質の衝動において同様の連動が確認され、ホロスコープ上にはその性質ごとに特徴的な惑星配置が表れるのだ。これにより、実衝動の性質は虚衝動に反映されていると判断できた。

この頃から私は、性質に基づく名前を衝動に付けるようになった。例えば混乱や忘我という性質を持つなら「混乱衝動」、分離や変化という性質を持つなら「分離衝動」といった形である。虚衝動であることを明示する場合は「混乱虚衝動」と表記する。

次は「強さ」に注目した。同じ性質の実衝動でも、起きる変化は、感情の揺れ程度から深刻なトラブルまで大きな幅がある。その違いが、衝動エネルギーの強さの差なのだ。

この視点で先の三点を照合すると、どんな性質の衝動であれ、エネルギーの強さと惑星の配置に相関性が見られた。このことから、衝動エネルギーの強さの違いも虚衝動に反映されていると考えられた。

並行して、「時期」を事前に把握できるのか検証した。将来のある日時の経過図を作成し、実際にその時点になったら三点を照合する。すると、間違いなく連動していることが確認できた。例えば、数ヶ月先の経過図に「依存衝動」が現れている場合、その時期が来ると冥想中に人間関係のヴィジョンがなかなか消えず、現実でも、誰かと一緒に行動したいという気持ちが出てくる。

つまり、いつ、どのような性質と強さの衝動に干渉されるのかは、虚衝動から事前に把握できるのだ。

これらの連動は、家族や友人など、私自身以外のホロスコープでも認められた。冥想中の状態はさておき、大きな出来事と虚衝動を照合すると高い相関性が見られる。こうして、虚衝動には、実衝動の「性質」「強さ」「時期」という要素が反映されており、それはある程度の普遍性を持つことがわかった。

実衝動の性質・強さ・時期 ≒ 虚衝動の性質・強さ・時期

虚衝動で読める深さ

ホロスコープは、予想以上に私の要望に適うことがわかり、ゴールも近いと思われたが、実は、ここから先の方がはるかに長かった。

問題になったのは、虚衝動に反映される実衝動の〝深さ〟である。我々のココロは、13ページ図0-1のように、意識層から超潜在意識層まで階層をなしている。虚衝動には、最深部の無意識層から生じる実衝動も反映されているのか。私は、この点をどうしても確認したかったため、検証に思いのほか時間を要することになった。

確認方法自体は、それまで行なってきたことの延長線上にあり、複雑ではない。

先に述べたように、実衝動は冥想中の心の状態やヴィジョンに干渉するが、影響を与えるのは、その時の冥想の深度より深いエリアから生じる衝動に限られる。ということは、冥想で最深部の無意識層に入ったときに、先の三点の連動が確認できれば、その深度から生じる実衝動が虚衝動に反映されていると言える。

しかし、当時の私は働きながら探究を続けていたため、深い冥想に入る力は低下していた。また、深部に入れたときも、実衝動が虚衝動に反映されているかどうか自信を持って判断できなかった。サマディや根源体験のときも含めて、三点の照合を続けたが、関連性がどうしてもつかみきれないのだ。

衝動の複合体

行き詰まった私は、深さの確認からいったん離れ、別の視点から虚衝動を読んでみようと思った。試みたのは、虚衝動から社会動向を予測することだ。

現代の社会の動きは経済面の影響が大きく、経済の背後には感情が、感情の源には衝動があるのだから、個人と同じ手法が有効ではないかと考えられた。

結果として、この試みは二つの点で実を結んだ。

一つは、国家レベルの社会・経済情勢をかなり明確に予測できるようになったことだ。詳細は本書のテーマから外れるため、概要のみ触れておく。

国家をはじめとする集団にも衝動的な特性があり、それを「国家衝動」や「法人衝動」と呼ぶ。国や法人に無意識など存在しないが、そこに属する人間の衝動エネルギーの総和が、集団の意思のごとく作用するのである。例えば国家衝動は、憲法をはじめとする各種法律やキーパーソンの動きなどに具現し、時代の趨勢を作り出す。その趨勢が、あたかも国家の意思のように、国民に影響や制約を与える。

これらの衝動も個人の場合と同様に、建国や設立等の年月日を基準に作成したホロスコープから、集団虚衝動として読み取ることができる。ここから集団の潜在的な勢いや、ある時点での方向性がわかるのだ。

日本の将来を予測する場合は、まず日本や関係国の国家衝動、天皇陛下の個人衝動などの重要な指標から、おおまかなラインをつかむ。そこに、自民党、日銀などの各国の中枢集団、内閣総理大臣などのキーパーソン、トヨタ、JR、財閥系企業などの中核企業の衝動環境を加味する。これらから導き出した基本予測を現状に照らし合わせて、さらに補正していく。

こう書くと簡単そうだが、虚衝動を読む対象が途方もなく広いうえ、様々な角度から予測と補正を繰り返す必要がある。しかし、おかげで精度は上り、二〇〇七年に勃発した金融危機以降、世界動向の予測の的中率は八割を超えるようになった。

もう一つの実りは、「虚衝動の複合体」という視点を手に入れ、個人の衝動にフィードバックできたことだ。

・国家衝動（１個）	―	複数の国家的事件
・国家衝動（１～２個）	―	影響の大きな事件
・国家衝動の複合体	―	重大事件、世界的規模の事件

表 2-2

多くの場合、一つの国家衝動は複数の事件と連動する。もしくは一つかニつの国家衝動と、影響力の大きい国家的事件が単独で連動する。しかし、影響が長く残る事件や世界を巻き込むような重大事件では、ホロスコープ上に複数の虚衝動が同時または連続的に表れ、それを複合体としてとらえる必要があるのだ。おそらく、重大な事件ほど影響が多方面に及ぶため、多くの要素を含むシンボルとして表れるのだろう。

私はこの視点に基づいて、冥想で無意識の最深部に入ったときの心の状態と、現実の状況、そのときに表れていた虚衝動とを、再び詳細に照合してみた。すると、最深部から生じる実衝動は、虚衝動の複合体として表れることがわかったのだ。

ようやく、無意識の最深部から生じる実衝動も、ホロスコープに反映されていることが確認できたのである。

実衝動の〝瞬間〟が映る虚衝動

この視点を得たことで、実衝動の強さと虚衝動の関係が、よりはっきり見えるようになった。無意識のどの層を源としているかによって、実衝動の強さ、すなわち影響力の大きさに差があり、虚衝動を構成する惑星も異

実衝動の源	虚衝動の表れ方
・浅い無意識層	公転周期の短い惑星（金星・火星・木星など）で構成される
・深い無意識層	公転周期の長い惑星（土星・天王星・海王星・冥王星など）で構成される
・最深部の無意識層	冥王星を核とする虚衝動の複合体となる

表2-3

なる。

浅い層を源とする実衝動は影響が限定的で、虚衝動としては公転周期の短い惑星で構成される。源が深いほど意識と環境の両面に影響が大きく、虚衝動は公転周期の長い惑星が中心になる。

そして最深部の層から生じる実衝動は、長期間にわたる変動をもたらし人生に大きな爪痕を残す。この場合、最も公転周期の長い冥王星を核とする、虚衝動の複合体として表れるのだ。

ちなみに、これに近い考えは「心理占星学」と呼ばれるジャンルの中にも存在する。しかし心理占星学は、実際に無意識に触れることで成立したわけではないため、衝動を読む道具として用いることはできなかった。

衝動が生じる深さについては、補足が必要だろう。

本書では「衝動は無意識の最深部にあるデータから生じる」と述べている。にもかかわらず、実衝動の源が深い、浅いという話も出てきた。この点について矛盾を感じる方もいると思うが、次のように考えていただきたい。

実衝動が無意識の最深部から湧き上がることは間違いない。しかし、そのエネルギーは最深部から表層まで均一なわけではなく、立ち昇る湯気のように揺らぎながら刻々と変化している。

そんな実衝動のある瞬間の姿が、虚衝動として映し出される。実衝動のうち「深層からのエネルギーがそのまま表層に届いたもの」は、「深い層から生じる衝動」として映り、「途中で途切れたり揺らいだりして表層に届いたもの」は、「浅い層から生じる衝動」として映る。

もちろん実際はもっと複雑で言語化は非常に困難だ。このため私は、通常、深さに関してあまり踏み込まず、虚衝動に反映された姿のまま「浅い層からの衝動」「深い層からの衝動」と表現しており、今後も、そのスタンスで記述していく。

以上のような検証によって、虚衝動は実衝動の姿をとらえていることが確認できた。

虚衝動 ≒ 実衝動

という図式が成り立つのである。

このことは極めて重要な意味を持つ。本来なら冥想によって認識するしかない無意識的な力を、現実世界に足場を置いたまま把握する術があるということだ。

ホロスコープは、内側の力を可視化してくれるものであり、無意識世界に開いた窓だった。

何気なく手に取ったホロスコープという小石が、実はダイヤの原石だったのだ。

これが「運」というものではないか

その後私は、虚衝動から実衝動を把握する精度を向上させるべく力を注いだ。

読み方の仮説を立て、自分自身や身近な人を題材にして検証し、間違いないと判断できるものを公式として取り入れる。このプロセスを繰り返す中で、出生図に表れる「出生虚衝動」と性格や行動パターンとの関連性、また経過図に表れる「経過虚衝動」と意識の働きや実際の出来事との関連性が明らかになった。

並行して、私はあることに気付く。我々の心や環境は、湧き上がる衝動に誘われるように変化するが、衝動という力を認識できない大多数の人にとっては、得体の知れない力に動かされているとしか感じられない。その様《さま》は「運」と呼ばれる不可思議な現象にそっくりだ。

この視点から衝動と現実の出来事との関連性を考えると、「幸運」や「不運」と呼ばれる状況の生じる仕組みが、実にすんなり説明できるのだ。

何かに取り組んでいるとき、成功をもたらす衝動が干渉すると物事が一気にうまく進み、「幸運に恵まれた」という感覚が生じるだろう。一方、混乱をもたらす衝動が干渉すると、間の悪い〝偶然〟が重なってトラブルになり、「運が悪かった」と感じるのではないか。

ここから私は、衝動と運の関係についても考察するようになっていった。

「創運」の芽生え

無意識の姿をとらえる新たな方法を探し始めてから、二〇年近くが経過した一九九七年、私は衝動の働きを踏まえた悩み相談を始めた。この経験が、衝動の把握を大きく進歩させることになる。

まず、衝動がいかなる「様相」に具現するのか、つかめるようになった。

人生の変動も、喜びや悲しみも、大枠は例外なく虚衝動に表れる。しかし、どのような形で具現するかは、生命力、意識の安定度、衝動への抵抗力、情報への依存度、現実の環境など、意識サイドの諸条件との兼ね合いで決まる。クライアントの衝動を読み続けるうちに、個々の条件に応じた具現の仕方が見えてきた。

すでに述べた衝動の「性質」「強さ」「時期」という要素に加えて、現れたときの「様相」も読み取れるようになったのである。

私は、読み取ったことを活用して、クライアントの人生を好転させようとしたが、なかなか思うようにいかなかった。その理由は、彼らが無意識を認識できないことに尽きる。彼らは次のような状態にあり、誰一人として〝自分の人生〟を生きていないのだ。

・衝動に振り回され、出生衝動に沿った問題が繰り返し生じる

・生きるスタイルや興味が、衝動のなすがままになっている
・幸せを願うものの、生まれ持った衝動のワクの中でしか生きられない
・理解の及ばぬ事態が出来すると、常識に逃げ込んでしまう

このため彼らの人生を変えるには、衝動の傾向を踏まえた長期的な指導が不可欠だ。それに気付いた私は、会員制度を設けた。これが序章であげた、クライアントの人生を変容させるという仕事の始まりだ。私が「創運」と呼ぶ、人生を変えるシステムの芽生えである。

衝動の読み取りと、それに基づく指導を、私は「リーディング」と呼んでいる。継続的に会員のリーディングを行い、結果を検証して指導にフィードバックする中で、多くのことがわかった。

衝動の把握には、虚衝動に加えて、夢、アイドリング・エネルギー、プラーナ分布という直接的無意識言語による補完が有効だった。また、会員との面談によって、呼吸の仕方、興味の方向、時間の流れ方など、すべてがココロの現れであることに気付いた。つまり彼らの一挙手一投足が間接的無意識言語であり、衝動の把握に使える。さらに、幸いなことに潜心力はあるレベル以下には衰えないと判明し、冥想も利用することができた。

見えてきたのは、個人の衝動に関することだけではない。

家族や恋人、親しい友人・同僚など、精神的な絆や金銭的な関わりが深い者同士では、投影作用が強く働いて、無意識レベルの〝つながり〟が生まれることを確認できた。

家族・血族間では、より深いつながりも存在していた。同じ家系の中で、複数の人が同質の出生衝動を持つケースが多く見られるのだ。すなわち、共通する無意識の傾向があるということで、かつて感じた「もう一つの家族」の本質を見つけた気がした。

長い試行錯誤を重ねたが、リーディングという実践的な検証を経たことで、衝動のありさまと働きをとらえる「**衝動分析**」の手法が確立したのである。

衝動分析でできること

先に進む前に、衝動分析で何ができるのか整理しておこう。

我々は無意識層のデータから生じる衝動エネルギーに干渉されながら生きており、衝動分析は、衝動エネルギーが現実に象《かたち》を取る様を把握できる。

初期仏教的に表現すれば、アーラヤ識に蓄えられた種子が現行《げんぎょう》するべく動き出し、煩悩となって心に纏わりついて外側の縁を形成していくありさまがわかるということだ。具体的には、衝動を把握することによって、我々が生来どんな傾向を持ち、どんな性格や行動パターンになりやすいのか、また、人生にいつどのような展開があるのかをつかむことができる。

確かに、虚衝動を介して実衝動を読み取る衝動分析は、無意識と直接触れ合ってはいないため限界はある。また、虚衝動はあくまでシンボルに過ぎず、読解の工程も必要だ。

しかし、冥想とは異なり、環境や体調に左右されることはない。そして、いつ、どのような衝動が干渉するのかを、言葉という道具を用いた理論的思考に組み込める形で把握できる。

これゆえ、把握した衝動を基に、会員たちがより苦しみの少ない人生、納得のいく人生を送るための指導が可能になる。また、無意識の普遍的な働きを考察し、検証することにも利用できる。

私の活動の二つの柱、「クライアントの人生を変容させること」と「人間という存在の探究」のいずれにおいても、衝動分析は欠かせない。

「衝動分析」と時間の神秘

分析に用いるツールも、形こそホロスコープだが、背景となる世界観、読み解く対象などのすべてが変わり、実衝動を把握できるものへと変容した。私はこれに、無意識の〝深層〟をとらえるという意味で、「Depth スコープ（Dスコープ）」と名付けた。

用いるツールの外見が同じために西洋占星術と混同する方もいるが、衝動分析は別次元の新しい技術なのだ。

「惑星配置図に過ぎないDスコープから、なぜ人間の無意識のエネルギーがつかめるのか」と質問されることがある。

・西洋占星術	ギリシャ神話的世界観を土台とする 現象を読み取る
・衝動分析	初期仏教的世界観を土台とする 現象の背後にある衝動の動きを読み取る

表 2-4

実は、正確な理由は私にもわからない。しかし、データの属性や動きと**「時」との間には、紛れもなく密接な相関関係が存在する。**そしてDスコープには「時」の質がシンボルとして表現されているのだ。

すべての生き物は、自らの属性を表現し得る「時」を選んで娑婆に現れる。このため、我々が呼吸によって初めて娑婆とつながった瞬間のDスコープ（出生図）に、本性が色濃く反映される。

生まれた後も、データが動く形態や勢いは時間と密接に関係する。まるで管理されているかのように、データは然るべき「時」に動き出し、衝動エネルギーを介して我々に干渉する。だから、ある瞬間を切り取ったDスコープ（経過図）に、その時の心や環境の特質が反映される。

このような相関性が生じる理由について、私は、**「時間は存在の質を表す」**からではないかと考えている。

我々は誰もが時を選んで生を享け、人間として歩み始めた後も、然るべき時に動かされ、変容させられるのだ。もともと我々は自然の一部なのだから、天体と連動する部分があっても不思議ではないが、実際に目の当たりにすると神秘としか言いようがない。

無意識の法則

会員たちの衝動分析を続ける中で、衝動によって人生の大枠が形成される様も見えてきた。深部データから生じる衝動が数多《あまた》の制約を生み、それが一つの潜勢的な流れとなって人生を方向付ける。その流れと、よりよく生きようとする我々の意志とがせめぎ合うことで人生が展開するのだ。序章で述べた「**衝動趨勢**」「**運命趨勢**」の概念はこうして生まれた。

また、衝動趨勢の根幹部分は、並大抵の努力では変わらないこともわかった。クンダリニが覚醒したとき、「自分の意志で生きようと考えるなど、とんでもない思い上がりだ」と感じたのは、ある意味、真実だったと言えよう。

このような経緯で明らかになった、衝動と人生との関連性に、私は「**無意識の法則**」と名付けた。衝動存在論のうち、娑婆の人生を対象とする部分が、まず形を取ったのである。

さらに、冥想体験や文献の研究から得た考察を、創運の指導によって検証するうちに、生や死のしくみが明確になり、衝動存在論の全体像が形作られていく。その成果は第四章でお話ししたい。

運の正体

なお、無意識の姿をつかんで利用する試みは、大きな副産物ももたらした。それが「運」である。

87ページで述べた運についての考察を、無意識の法則と照らし合わせると、運は「制約が作り出す流れと、意識サイドの力とがせめぎ合うありさま」として、すんなり法則に落とし込めるのだ。

試みに、会員への説明に「運」を取り入れてみた。社会的な能力の高さを示唆する出生衝動があるなら「仕事運が強い」、家庭的な基盤を求める経過衝動が干渉するときは「結婚運が強まる」などのように置き換える。この指導スタイルを継続しても、無意識の法則と齟齬が生じることはなく、会員たちにも違和感なく受け入れられた。

どうやら私は、運の正体に行き着いたようだった。我々は、データによって作り出されたガイドラインと常にせめぎ合って生きている。そのありさまが「運」である。つまり運とは、序章で述べたように、内側の力と我々の意識サイドの力が相互に作用して生じるものであり、生と死のしくみの一部なのだ（19ページ図0-4参照）。

運との出会いはまさに僥倖だった。探究の一端を担う人生を変容させる仕事に、運という要素が加わったことで、より多くの人を惹きつけ、生業として長く続くものとなった。

また、その中で無意識の制約下にある会員たちの姿を突きつけられるがゆえに、私は衝動に対して常に真摯でいられたのだ。

第三章　三つの輪

これから衝動存在論の全体像を述べていくわけだが、その成り立ちについて、もう少しお話ししておかねばならないことがある。

衝動存在論は、冥想体験を土台として、先人の知恵による裏付けと、長年にわたる検証を経て成立した。ここで言う先人の知恵とは、初期仏教、ヨーガ、深層心理学を指す。いずれも深いココロを対象とした体系で、私は「先行概念」と呼んでいる。

衝動存在論と先行概念は、図3-1のように、互いに一部が重なる三つの輪の関係にある。本章では、このような関係になった理由を述べ、第四章への橋渡しとしたい。

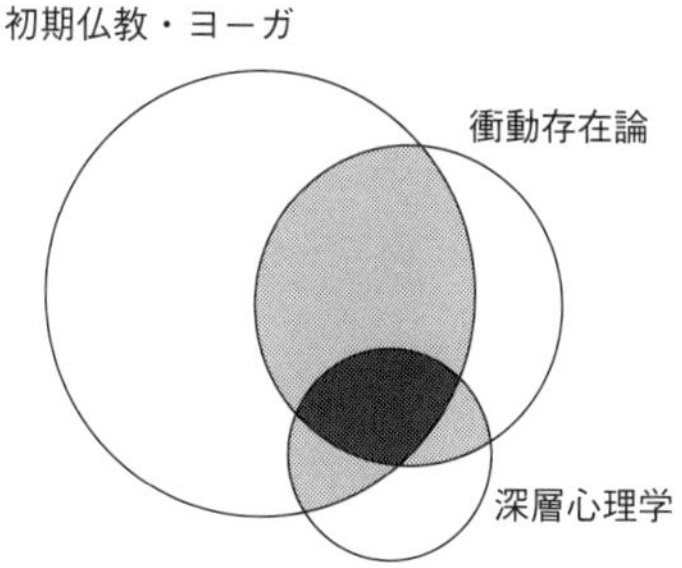

図 3-1　三つの輪

1　心の深層に迫りきれない深層心理学

衝動存在論と先行概念を結ぶ無意識言語

まず、読者諸氏にもなじみがあると思われる深層心理学との関係から見ていこう。

深層心理学の中で私の存在論と重なるものは主に、フロイトの精神分析、ユングの分析的心理学、ソンディの運命心理学の三つである。

なぜこの三つなのかと言えば、いずれも「無意識言語」を扱っているからだ。これらを提唱した三名は、無意識というものの存在を認めたうえで、その中に一定の性質を持つ領域があることを発見し、各領域に対応する無意識言語を見出した。

- フロイト：個人的無意識の中の抑圧された葛藤を表す「症状言語」
- ユング：集合的無意識の中の原型を表す「象徴言語」
- ソンディ：家族的無意識の中の先祖の欲求を表す「選択言語」

第二章で述べたように、私が冥想に代わる手段を求めた際、無意識言語に着目したことから、衝動存在論は必然的に彼らの学説と重なるようになったのだ。

フロイトの「個人的無意識」

我々の心の中に「無意識」という領域を発見したのは、フロイトだ。彼は留学中に師事したベルネームのもとで、「後催眠暗示」の実験から多くの示唆を得た。

この実験では、催眠下にある被験者に、一定の時間がたったら待合室の中を四つん這いで歩くよう指示する。目覚めた被験者たちは催眠中のことは何も覚えていないが、指定された時間になると、ボタンを落としたなどの理由をつけて実際に四つん這いで歩き出す。彼らの行動は奇妙だが、本人にとっては、あくまで〝自らの〟意志による行動なのだ。

フロイトは、この実験をはじめとする研究から、無意識という新たな領域について、次のように仮定した。

・無意識的な精神活動とも言うべき領域（無意識）が存在している
・無意識は、一定の時間を経て意識生活に影響を及ぼす
・意識は、無意識に影響された行動に偽りの理由をつける

彼によれば、我々の精神活動は意識している部分だけで為されるわけではない。意識的な動機と合理的決定の背後には、無意識の領域で行われる働きがあって、それが本当の決定者だというのである。

彼は無意識の源を次のように考えた。我々の意識は、生まれてから数年間は、親をはじめとする周囲の環境から、様々な影響をノーガードで受け続ける。これらの影響は、我々が本来持つ諸々の傾向や欲求と真っ向から対立するため、本来の傾向や欲求は、ショックを避けてココロの奥深くに逃げ込んでしまう。と言っても、そのままおとなしく潜んでいるわけではない。常に意識に働きかけ、何らかのきっかけを利用して思い通りに動かそうとする。しかもやっかいなことに、意識は介入されていることに全く気付かず、自分が決定者だと信じて疑わないのだ。

このような働きを持つココロの領域が、「**個人的無意識**」である。

ユングの「集合的無意識」

フロイトが見出した、自分の中に存在する「もう一人の自分」の働きは、後の心理学者たちの研究によって明確になっていった。

ユングは、フロイトの無意識概念を拡大、遡及して「**集合的無意識**」という領域を発見した。フロイトは、無意識のココロの根源を〝個人の幼少期〟に見出したが、ユングは〝人類の幼少期〟にそれを求めたのだ。

彼は、無意識の源は人類に共通する太古の記憶だという。自然に対して全く無力だった先史時代の人類は、災害や猛獣の襲撃、飢饉などによる生命の危機にさらされ、常に原初的な不安に直面していた。その不安や恐怖が人類の無意識層に刻み込まれ続けた結果、集合的無意識という領域が形成されたと考えたのである。

ユング心理学の基礎になる考え方の一つが「心的エネルギー論」だ。ユングは、「**心はエネルギーである**」と考え、心の働きも、電気、熱、運動などと並んで、エネルギーが持つ多様な形態の一種とみなす。人間が何かを行うときは必ず心的エネルギーを使っており、それが様々な形で現れると考えるのである。

ソンディの「家族的無意識」

無意識の根源を人類の幼少期、すなわち〝人類の祖先〟に求めたユングに対して、〝個人の祖先〟に求めたのがソンディである。彼はフロイトの「個人的無意識」とユングの「集合的無意識」の間に、「**家族的無意識**」という層を発見した。

ソンディ心理学の発端には印象的なエピソードがある。ソンディは一八歳のときにドストエフスキーの『罪と罰』を読んで、「なぜ殺人者が主人公の小説を書いたのか」という疑問を抱いた。殺人の描写は迫真的で、あたかも実体験のようだが、そんなはずはない。やがてソンディの脳裏に、ある発想が浮かんだ。

「ドストエフスキーの先祖に凶悪な殺人者がいて、その遺伝子が殺人の欲望を伝えた。つまり彼自身が潜在的な殺人者であり、殺人欲求が小説の主人公として形を取った。だから、殺人者の心理を克明に描くことができた」

当初、この考えは理解されなかったが、後年になってある事実が判明する。ドストエフスキーの先祖には、過去四〇〇年程の間に、記録に残るだけでも六人の犯罪者、殺人者がいたのだ。かと言って犯罪者ばかり多い反社会的な家系というわけでもなく、全く対照的な聖職者も、なぜか同じくらいの高率で現れていた。

もう一つ興味深いエピソードをあげよう。ソンディがブダペスト大学で精神療法クリニックの医長をしていたとき、「知らずに家族に毒を食べさせ、殺してしまうのではないか」という強迫観念に悩む女性が訪れた。「こんな馬鹿げたことを言う患者は、他にいないでしょう?」と彼女は尋ねるが、実はそうではなかった。過去に全く同じ悩みを訴える患者がいたことをソンディが話すと、女性に付き添っていた夫が突然立ち上がり、「その人は自分の母親です」と叫んだ。カルテを確認するとまさしく彼の言う通りだった。つまり彼は、後に自分の母親と全く同じ強迫観念を抱くことになる女性を、妻として選んでいたのだ。


こういった数々の経験から、ソンディは、自分の知らない「もう一つの家族」、すなわち家族的無意識の探究へと向かうことになった。そして次のような理論を作り上げたのである。

個人の家族的無意識層の中には「先祖の抑圧された欲求」が潜んでおり、それが我々の人生における選択に強く介入している。その対象は、恋愛相手や友人の選択などの日常生活から、結婚や就職などの重要な決断、果ては疾病や死に方までに及ぶ。

つまり我々は、実は人生における選択の主導権を握っておらず、家族的無意識の介入のもとで〝選択させられている〟と、ソンディは言うのだ。

私は学生時代にこの説を知ったとき、「血の呪い」や「血族の澱《おり》」という言葉が浮かび、寒気を感じた。それほどまでに介入されるなら、自由な人生などどこにあるのかと落ち込んだものだ。

先祖の抑圧された欲求

ソンディ心理学では、我々に介入する先祖の抑圧された欲求を、〈衝動〉と呼ぶ。既述のように、私はこれを参考にして「衝動」という名称を使い始めたが、意味は同一ではない。ソンディの〈衝動〉は、家族的無意識層にある先祖の欲求のみを指すのに対して、私が用いる衝動は、そういう力も含めて、無意識から生じて我々を制約する力全般を指す。「衝動」は〈衝動〉を内包するのだ。

参考までに、ソンディの〈衝動〉について少し述べておこう。

彼は、〈衝動〉を性衝動・感情衝動・自我衝動・接触衝動という四つの「遺伝圏」に分類し、さらに各々二つの「運命遺伝子」に分ける。八つの運命遺伝子にはそれぞれ基本的な性質があり、各遺伝子の強さや現れる方向性は人によって異なる。

遺伝圏	運命遺伝子	無意識的欲求	代表的なリスク
1　性衝動	情愛《エロス》遺伝子（h）	性別を問わない性愛欲求	性的犯罪　同性愛
	攻撃《タナトス》遺伝子（s）	攻撃・略奪・死に至る欲求	サディズム　マゾヒズム　殺人
2　感情衝動	倫理《エピ》遺伝子（e）	死んだふりによる自己保全の欲求	てんかん　放火
	道徳《ヒス》遺伝子（hy）	暴れ回ることによる自己保全の欲求	ヒステリー　不安神経症
3　自我衝動	所有《ハーベン》遺伝子（k）	外側の事象を取り込む自我収縮欲求	自閉症　緊張型統合失調症
	存在《ザイン》遺伝子（p）	外側に関与する自我拡大欲求	誇大妄想　妄想型統合失調症
4　接触衝動	獲得《アナル》遺伝子（d）	対象を獲得し保持する欲求	うつ病　窃盗　拝物愛
	依存《オーラル》遺伝子（m）	獲得した対象への執着や離反の欲求	双極性障害（そう病）アルコール依存

※リスクの例は、現代の認識とはそぐわない部分がありますが、ソンディの説を紹介するという目的上、現在の病名への変更のみに止めています。

表 3-1

表3－1は、運命遺伝子の種類と、エネルギーが強すぎた場合のリスクをまとめたもので、ソンディはこれらの運命遺伝子によって選択を強いられる結果、運命が決まると考えるのだ。

運命遺伝子が現れる方向性は（＋）と（－）で表現され、それぞれ正反対になる。

例えば、性衝動遺伝圏の「情愛遺伝子（h）」が（＋）だと情愛欲求が個人的な愛情へ向かい、（－）だと人類愛へと向かう。

（h＋）が強い人は、知性より感性を重視し、感情的・感覚的な傾向が強い。母性的で愛情豊かだが、人を信じやすく感傷におぼれやすい面がある。適職は、他者と結びついて個人愛を解放できるサービス業などだ。

（h－）が強い人は、特定の個人よりも民族全体や人類全体、はては生き物すべてに結びつこうとする。カウンセラーのような福祉的職業や、マスコミ関係などが適職だ。

同じく性衝動遺伝圏の「攻撃遺伝子（s）」は、（＋）に現れると攻撃性・積極性・サディズムの欲求になる。これが強い人は父性的、男性的、冷たさ、硬さなどの傾向を持ち、適職は刃物を扱う仕事など、攻撃欲求を社会化できる職種だ。

一方、（－）に現れると献身性・受動性・マゾヒズムの欲求になる。これが強い人は温和で善良な傾向があり、適職は受動性や献身性を活かせる仕事だ。

運命遺伝子が持つ基本的な欲求は、通常なら性格の枠内に収まり、人間関係や職業などの社会生活を通して解放される。

しかし欲求が極端に強い場合は、枠からはみ出し、犯罪行為や精神疾患などの破壊的な形で現れることがある。例えば、攻撃遺伝子と情愛遺伝子のエネルギーが共に強烈な場合は、性犯罪や殺人という形で暴発するリスクが考えられる。いわゆるストーカー殺人などがこの典型だ。

ソンディは数千件の家系を調査し、各運命遺伝子の強さと、選択する行動の関連性を詳細に述べた。彼によれば、我々は人種も国も家柄も関係なく誰であろうと、人生のあらゆる場面で運命遺伝子に沿った行動を選択させられている。

第二章で登場した「ソンディ・テスト」は、〈衝動〉を読み取り、各運命遺伝子が将来の選択行動に与える影響や、そこから生じる運命の傾向を分析するものだ。ソンディ心理学が「運命心理学」と言われる所以は、こうした未来予測的な要素にある。

深層心理学の有効性と限界

無意識が意識に介入し行動に影響を与えるというフロイトの主張は、我が身を以て経験した。集合的無意識をはじめとするユングの考え方も、大筋では納得できる。また、先祖の抑圧された欲求が個人の選択行動に強く介入するというソンディの説は、理解しがたいかもしれないが、それを地で行くような事例をリーディングの中で山ほど目にしてきた。

つまり、これらの学説はすべて、無意識という領域が持つ属性や働きを、正しく表しているのだ。

しかし、図3-1にあるように、衝動存在論と深層心理学の重なりは小さい。これは私の探究が冥想から始まったため当然とも言えるが、外側から無意識の姿をとらえるようになった後も重なりは広がらなかった。なぜなら、深層心理学は認識できていないものが多すぎるからだ。

その好例が、先に触れたユングの「心的エネルギー論」である。ユングは、ココロの本質をエネルギーととらえる。一方私は、無意識の最深部に存在する「データ」を本質ととらえ、エネルギーはデータの動きによって生じる副次的なものと位置付ける。この見解の差は、発端が、外側の体験か内側の体験かという違いによる。ユングは臨床経験に基づいて論を組み立てた。患者に影響するエネルギーの背後に、データが存在することなど思いもよらなかったのだろう。

私は、無意識世界の経験に基づいて、心の本質はデータだと考え、そこに文献による裏付けと考察を重ねた結果、確信を抱くに至った。創運の指導もこの考えを踏まえて行なわれており、実際に矛盾なく効果をあげている。つまり、ユングの視線は最深部まで届いていないと言わざるを得ないのだ。

ソンディ心理学の「選択あって被選択なし」という点も、わかりやすい例の一つだ。彼は人間の「選択行動」を無意識言語ととらえた結果、家族的無意識層を見出した。実際の人生は、選択行動だけでは語れない。他者から選択される「被選択」や、選択する余地のない「不可選択」も無意識の影響下で起きており、これらが複雑に絡み合うことで形成される。

特に被選択は、試験、審査、結婚、取引などをはじめ、人生のあらゆる場面で起きている。肯定的な方向で選ばれれば物心両面の充足に結びつくが、どんなに努力しようと選ばれない場合も多く、反対に害意の対象に選ばれてしまうこともある。

詳細は次章で述べるが、被選択は、無意識の最深部に存在するデータ群から生じる力によるところが大きく、ソンディが〈衝動〉の源と考える家族的無意識層よりも深い層と関連している。ところが私の知る限り、ソンディは被選択や不可選択には言及していない。彼は五一歳のとき、ナチス・ドイツのユダヤ人狩りによって強制収容所に入れられるという〝究極の被選択〟を経験した。それでも考察が被選択に及ぶことはなかったのだ。

このあたりは、ソンディ個人の問題ではなく、強い自我を背景にした西洋人的な思考の限界なのかもしれない。

さらに、深層心理学では、私が「**封印**」と呼ぶ心的作用についても言及されていない。封印とは、認識、判断、選択などの意識活動が無意識の制約を受けていること、および、意識が無意識を認識しようとする働きにも制約がかかっていることを指す。言葉を換えれば、意識の働きは、各自の無意識の傾向に沿ったバイアスをかけられており、その事実に気付くこともできないのである。

封印は、心理学で言う「認知バイアス」とも似ているが、それよりも深い層から生じ、はるかに強く、かつ幅広い制約をもたらしている。

ほとんどの人は、主体的、能動的に〝自分の人生を生きている〟と思い込んでおり、封印という働きを頭で理解したとしても、自身が封印のもとにあることは実感できない。「人は自分の見たいものしか見ない」という言葉のとおりだ。

能力に自信のある人は、封印作用など一笑に付すかもしれない。しかし、どれだけ意志が強かろうと知識や教養が豊かだろうと、また社会的に成功していようと、我々が自覚なきままに無意識の制約下で生きていることはまぎれもない事実である。意識は無意識の主《あるじ》ではなく、無意識から派生した精神活動であり、無意識の制約から離れて生きられる人間などどこにもいない。

フロイトの後催眠暗示の実験やソンディの学説をはじめとして、封印に該当する作用の記述は、深層心理学の随所に登場する。しかし、その働きは明確に指摘されておらず、追究もされていない。これは、碩学といえども、封印を自覚できないという点では一般人と何ら変わらないことを示している。

以上の例はごく一部であり、深層心理学がココロの働きを部分的にしかつかんでいないことは、様々なところで見て取れる。

我々は意図せずこの世に存在させられ、制約のもとで一生を送り、否応なくこの世から連れ去られる。よって無意識を突き詰めると、**我々がそういう生きものとして生まれざるを得なかったという、ある種の「哀しさ」に行き着く。**しかし深層心理学は学問であるがゆえにそこまで辿り着けず、誰にでも理解できる比較的浅い領域で完結している。

だが、こうも言える。最深部に迫りきれなかったからこそ学問に留まることができ、無意識というものを知らない一般の人にも、ココロの深い領域を考える足場という恩恵を与えているのだ。私にとっても深層心理学は、冥想体験と宗教文献とのつながりを確信できる材料の一つとなっている。

2　冥想から生まれた初期仏教・ヨーガ

初期仏教の姿

次に、もう一つの輪である初期仏教・ヨーガとの関係についてお話ししよう。

再び図3−1をご覧いただきたい。衝動存在論の輪は初期仏教・ヨーガと大きく重なっている。先に述べた成立過程からして、衝動存在論はこれらと同根の概念であり、重なるのは必然だ。

では、なぜ完全に重ならないのか。その答えは、私の初期仏教観の中に含まれている。

はじめに、一般に知られる初期仏教の姿について簡単に触れておこう。

初期仏教とは、紀元前五〜六世紀頃の釈迦牟尼在世時代から、入滅後に教団が最初の分裂をするまでの、約一五〇〜二〇〇年間を指す。釈迦牟尼はブッダガヤにおいて悟りを開いた後、インド北部を遊行し続け、自ら教えを書き残すことはなかった。このため、入滅後に教えの散逸や歪曲などを防ぐべく、弟子たちが集まって集約・確認を行なった。このときに編纂された教えが、経典の元である「アーガマ」となり、「漢訳四部阿含」や「パーリ五部」などの形で後世に伝わっている。

釈迦牟尼の入滅から約一〇〇年後の紀元前三世紀頃、教団は分裂し、伝統的・保守的な長老派が占める「上座部」と、進歩的な「大衆部《だいしゅ》」に分かれた。その後、およそ紀元前一世紀頃まで、各派がさらに細かく分派していった。この時代の仏教は「部派仏教（アビダルマ仏教）」と呼ばれる。

部派仏教の諸派が各々の立場から釈迦牟尼の教えを体系化した結果、アビダルマ論書と呼ばれる大量の教義研究書が作られた。その完成形とも言うべきものが、第一章で触れた『倶舎論』である。

部派仏教の各派が教義の研究や個々の修行に励む一方、紀元前後には、在家の救済を前面に押し出した流れが生まれる。これが「大乗仏教」の起こりであり、四～五世紀頃にはすでに大きな流れとなっていた。上座部仏教や初期大乗仏教の経典の一部は、第一章で述べた「広義の初期仏典」にあたる。

その後、インドではヒンドゥー教やイスラム教が広まり仏教は姿を消した。しかし、密教を含む大乗仏教は、インド北西部やチベットを経由して中国、日本へと伝わり、上座部仏教はミャンマー、タイなどへと伝わった。

仏教が日本に伝わったのは、六世紀の半ばとされる。中国の影響を強く受けた大乗仏教が主に広まり、「阿含経」と呼ばれるアーガマは、釈迦牟尼自身の言葉に最も近いにもかかわらず、近代に至るまで重要視されなかった。

十九世紀に、ヨーロッパにおいて近代仏教学の視点が生まれ、日本でも明治以降に多種多様の原典が紹介された。この時代に至って、ようやく我々は釈迦牟尼の生きた教えに触れられるようになったのだ。

私の初期仏教観

では、私は初期仏教をどうとらえているのか。そのポイントは次の五つだ。

①我々が日常的に知る仏教には、教団による作為的なイメージが含まれている

例えば、多くの日本人が抱く「優しいお釈迦様」という印象は、教団が脚色した仏伝と、こうあってほしいという大衆の願望が融合したものだ。初期仏教は、そのようなイメージをまとった仏教とは別物と考えなければならない。

②初期仏教が目指すものは、娑婆の幸福ではなく「解脱」だった

こう言うと驚く方もいるが、初期仏教は娑婆での幸福を第一義としていない。目指しているものは、輪廻のサイクルを脱することができる状態、すなわち「解脱」である。

老・病・死をはじめとする我々の苦しみは、すべて生まれたことに起因する。死んでこの世を離れても、輪廻する限り再び生を享けて苦しみを繰り返す。よって、輪廻のサイクルを抜け

出すことが苦からの解放だと釈迦牟尼は説いたのである。つまり初期仏教は「解脱教」なのだ。「解脱とは死の恐怖を克服すること」ととらえる人もいるが、この解釈では対象となる領域が娑婆に限定され、初期仏教は著しく矮小化されてしまう。

解脱へ向かう方法論は、出家と在家では異なる。同じ目的地まで、最短距離できつい坂を登るか、緩やかな道を遠回りするかの違いだ。

出家修行者は、冥想修行によって輪廻の原因となる種子を潰すことで、今生での解脱を目指す。一方、在家信徒は、出家者をサポートしつつ、良き種子を培い悪しき種子を減らし、より苦しみの少ない世界への転生を目指す。これを繰り返し、いずれかの生で解脱することを目標とする。在家信徒にとっての初期仏教は「輪廻ベクトル上昇教」とも言えよう。

③初期仏教はヨーガと同根の「冥想教」だった

初期仏教はヨーガと関わりが深く、同じ方向性を持つ。両者はいずれも、冥想という道具を使って同じ山を登るための方法論であり、頂上とみなす地点や登頂ルートは異なるものの、かなりの道程が重複する。

ヨーガは、インドにおいて古くから行われてきた実践体系で、原型となる行法は紀元前二五世紀頃から存在していたと考えられている。特に仏教と関係が深いのは、いわゆる古典ヨーガだ。その代表的な文献である『ヨーガ・スートラ』によると、ヨーガとは心の働きを止滅する

【三学とヨーガの八段階】

戒 ー 禁戒・勧戒

定 ー 座法・調気・制感・凝念・静慮

慧 ー 覚醒によって得られる智慧

【六波羅蜜とヨーガの八段階】

布施 ー 勧戒

持戒 ー 禁戒

忍辱 ー 勧戒・座法

精進 ー 調気・制感

禅定 ー 凝念・静慮

智慧 ー 覚醒

表 3-2

ことで、そのために、46ページで述べた、サマディへと至る八段階の実修法が定められている。

この八段階は、仏教で重視される要素と共通する部分が多い。例えば、初期仏教の時代から出家修行者が修めるべきとされる「三学」や、大乗仏教で最重要視される「六波羅蜜」は、いずれも表3-2のようにヨーガの八段階と重なっている。

この例をはじめとして、初期仏教とヨーガの間では、明確な相互補完性や推測できる関連性がしばしば見られる。アーガマに関する疑問が、『倶舎論』などのアビダルマ論書ではなく、『ヨーガ・スートラ』によって解決するようなことがあるのだ。

当然ながら、初期仏教とヨーガは「我《アートマン》」に対するとらえ方を筆頭に相違点があり、最終到達点も異なるのだろう。しかし少なくとも、両者は次のような共通の基盤に立っている。

・冥想という手法によってココロの奥に踏み入ることで、存在の本質をつかむ

・その結果得られた認識や境地を価値あるものとし、生きる規範にする

両者の関連性を示唆する例として、「パーリ五部」の『マッジマ・ニカーヤ』の中に、出家後の釈迦牟尼が、二人のヨーガ修行者のもとを訪れて冥想修行をしたとの記述がある。誤解を恐れずに言えば、釈迦牟尼は当時の伝統に則ってヨーガを修めたが、それだけでは飽き足らずに新しい体系を創始したと解釈できる。

つまり初期仏教は頭で練り上げた思想ではなく、修行経験から生まれたものだ。言うなればヨーガと同根の「冥想教」であり、中核には、釈迦牟尼や弟子たちが、輪廻を超えるべく修行した経験と、その過程で得た叡智が存在している。

④初期仏教時代の修行者は、現代よりはるかに深い冥想に入ることができた

釈迦牟尼や弟子たちが冥想によって到達できた境地は、我々には軽々しく推し量れないほど深かったと思われる。それは、彼らが修行に専念していたことはもちろんだが、現代日本よりはるかに冥想に適した条件のもとにあったことも大きい。

当時のインドは多くの点で冥想に適しており、主なものとして、「精神構造」「人種」「生活環境」「気候、緯度などの地理的条件」「磁場環境」があげられる。

まず、精神構造の違いという点では、当時の人間は、現代人ほど個の意識が強くなかった。

図 3-2　ヨーガの座法

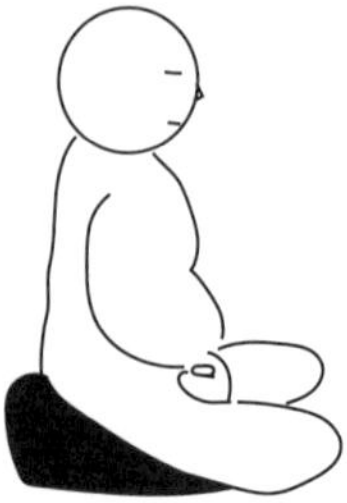

図 3-3　禅の座法

これは、意識と無意識のつながりが、緩やかで安定的であることを意味する。このような状態だと、冥想によって無意識に入りやすいのだ。

一方、現代のように、ストレスや時間的束縛が多く情報に溢れた社会では、意識の働きが外に向かい、かつ複雑化するため、無意識には入りにくくなる。

人種的な特徴と冥想との関係については、我々にもなじみの深い「坐禅」と、ヨーガの冥想とを比較するとわかりやすい。「禅」という言葉は、ヨーガの八段階のひとつ「ディヤーナ（凝念）」の音訳だ。しかし坐禅は、ヨーガとは別の体系と考えた方がいい。

ヨーガでは、第一章で述べた「蓮華座」を組んで、下肢の血流や、心臓の拍動による上体の揺れを止め、プラーナを上昇させながら、様々な技法を使って積極的に無意識に入ろうとする。

禅の場合は、足の組み方はヨーガと同じだが、坐蒲《ざふ》を使うため血流は止まらず、プラーナの上昇圧力も弱い。つまり積極的に無意識に入るのではなく、公案や呼吸に集中する中で自然に入るのを待つ。得られる体験もヨーガとは異なって当然だ。

私は、インドから伝わったヨーガが中国で坐禅へと変化した背景として、人種による体形の違いが大きいと考えている。足が細長く背筋も発達しているアーリア人種に比べて、中国人や日本人などのモンゴロイドは、足が太く背筋も弱いため、腰を反らした蓮華座の姿勢を長時間取り続けることが難しいのだ。

生活環境の面でも、当時のインドは、冥想を妨げる要因が現代より圧倒的に少なかった。特に情報量の違いは大きい。多量の情報は、イメージ層を混乱させて没入のリスクを高めるうえに、五感へのとらわれをもたらし、現実世界に意識を固定させる。これゆえ無意識に入るためには、物理的に情報の入力を断つ「遮断」と、情報に対する反応を制御する「捨断」の二つが不可欠だ。

現代の我々が、常に音楽や映像をはじめとする多量の情報にさらされていることに比べて、当時の出家修行者たちが接する情報は極めて少なく、遮断・捨断が容易だったのである。また、気温や緯度などの地理的条件はプラーナの上昇に適しており、地磁気レベルが高く人工的な電磁波がない点でも、無意識の働きが活性化しやすい環境だった。

⑤冥想から生まれた仏典の記述を、常識の範囲に押し込めてはならない

初期仏典は、釈迦牟尼や弟子たちの修行経験から生まれたもので、本来なら言葉にできない神秘の世界が描かれている。このため深い部分に迫ろうとするほど、言葉の奥にあるものを読み解くことが必要になる。

これに対して、近代仏教学の主流である文献学的手法では、神話的とみなされる要素を極力排除して初期仏典を読み解き、「ゴータマ・シッダッタ」という歴史上の人物と、彼を中心とした教団の実像に、文献を通して近づこうとする。

確かに、この手法によって明らかになったことは多く、そういう意味では大きな成果を上げている。しかし、初期仏典が冥想修行から生まれたという根本的な視点が欠けているがゆえに、描かれているものの深奥には迫りきれない。その端的な例が、「神通力」や「神変」の扱いである。神通力とは、「神の世界に通じる力」を意味し、神足通、天耳通、他心通、宿命通、天眼通（死生通）、漏尽通の六つを指す。それによって起こされる変異が神変だ。

初期仏典の中には、これらの記述が数多く登場する。一例をあげると、『相応部経典』の中の『神足相応』に次のような内容が書かれている。

……出家修行者が、このように四つの神足を繰り返し修行するならば、様々な神通を会得することができる。すなわち一身が多身となり多身が一身となったり、姿が見えたり消え

たりする。あるいは、壁や山を通り抜けることができ、その際に引っかからないことはまるで空中を行くようである。また、地面に潜ったり現れたりすることは、まるで水中にいるようであり、水の上を沈まないで進むことは、まるで陸上にいるようである。蓮華座のまま空中を進むことは、まるで鳥のようである。大いなる神通と大いなる威徳を持つ月と太陽を手でつかみ、触れる。梵天の世界まで威光を及ぼすのである……

水上を歩く、空を飛ぶなどの、現実にはあり得ない行動が描かれているが、これを行なっているのは生身の人間ではない。第一章でも登場した「意生身」、すなわち〝心によって作られた別の身体〟の力を描写しているのである。

神通力は釈迦牟尼のみならず弟子たちにも備わっていたとアーガマに書かれており、体系的な修行の中で〝神に通じる力〟が身に付くのは、特異なことではなかったのだろう。

つまり、初期仏典に神通力や神変の記述が登場するのは必然であり、その中には初期仏教の中核につながる要素が存在している。仏典を読み解くに当たって、この視点は不可欠だ。

ところが現代の仏教学者たちの中では、釈迦牟尼を神格化するために作り出されたものとする考え方が主流になっている。もしくは、何らかの力の存在は認めるものの、常識の範囲に押し込めてしまう。前者の例としては、三枝充悳が『バウッダ』の中で、「不可思議な神通の横溢」は仏伝における神格化の帰結だと述べている。

……空想を好み、想像力の豊かなインド的な天才たちによって、「仏伝」は構想され、成立した。そこに流れるモティーフは、釈尊の一種の神聖視・超人化・神格化であり、讃嘆のあまり、不可思議な神通その他が横溢するのは、むしろ当然の帰結と評してもよい……

後者の例としては、水野弘元の『原始仏教』における記述があげられる。

……第三の他心通は、他人の心を知る智慧である。他人の態度や言葉や顔付きで、相手の考えなり気持ちなりを知ることは、普通一般にもあることである。（中略）商売の駆引きをしたり、外交の折衝をしたりする場合には、この意味の他心智が極めて必要であって、これなくしては、自分の有利になるように、臨機応変の取引や交渉を進めることが出来ないであろう。宗教家や教育者にもこの他心通は必要であって、相手の考えや気持ちをよく察知し、それに応じて相手に最も適した教訓を与え、相手を導く最善な方法を見出すことが出来るであろう。（中略）

第五の天眼通は、有情死生通とも云い、人々の未来を予知する智慧のことである。これも過去を知る宿命通と同じく、相手の現状を観察することによって、その人が今後いかなる行動傾向を有し、いかなる運命を辿るであろうかを予知するのであって、熟練者にとっては、かなり正確な推察が可能であろう。釈尊が在家や出家の弟子達の将来の運命について予言をなしたことを述べた経典があるが、これは天眼通によるものであろう……

水野は神通力の存在は否定していないものの、日常における観察力や洞察力と同レベルでとらえていることがわかる。

『原始仏教』では、出家修行者における十七段階の修行が取り上げられており、色界四禅定を経て神通力を得るまでの過程についてかなりの紙幅が割かれている。にもかかわらず、神通力そのものの解釈はあまりにも稚拙で、私は同じ人間が書いたとは思えなかった。

三枝や水野は碩学である。私も彼らの著作を読んで初期仏教を学んだし、本書の参考文献にも用いている。しかし、こと神通力や神変の解釈に限っては、明らかに的外れと言う他はない。彼らは、いくら資料に当たっても決してわからない異質な世界に対しては、思考が停止してしまうかのようだ。

神通力に限らず、冥想経験から生まれた記述がこのような解釈をされてしまうのは、仕方がないのかもしれない。ヨーガの冥想で無意識世界に至った経験を持つ仏教学者など、おそらく皆無だろう。つまり彼らは、「冥想教」を読み解けるだけの手掛かりを持っていないのである。これはちょうど、江戸時代の人が、見たことのないヨーロッパの街並みを想像するようなものだ。

仕方ないとは言え、彼らの読み方では、釈迦牟尼が見つけた存在の秘密を浮き彫りにするところか、初期仏教の奥行きを倫理や道徳と同程度に矮小化してしまう。ここに文献学的手法の限界がある。

当時の修行者は、冥想によって我々とは全く異なる世界を経験していた。この視点を持つことが、初期仏典を読み解くには不可欠になる。常識の範囲に押し込めるなど論外で、少なくとも理解できないことはできないと認めるべきだ。それが初期仏教の本質に迫る道筋であろう。

重ならない理由

以上が私の初期仏教観だ。初期仏教はヨーガと同根の冥想教であり、釈迦牟尼や弟子たちは現代の我々がはるかに及ばない深い境地を体験していた。このことが衝動存在論と初期仏教・ヨーガとが完全に重ならない最大の理由になっている。

では、図3-4に沿って詳細を述べよう。この図は、95ページ図3-1「三つの輪」から、初期仏教・ヨーガと衝動存在論を抜き出したものだ。Ⓐ Ⓑ Ⓒの三つのエリアには、それぞれ次のような要素が含まれる。

Ⓐ初期仏教・ヨーガのうち、衝動存在論には取り入れていない要素

1　検証しようがなく、推測もできないもの

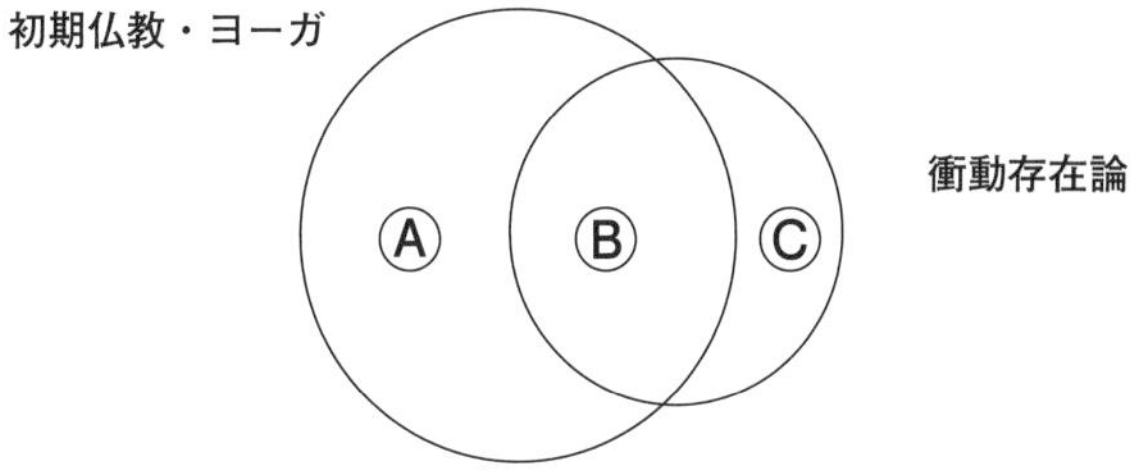

図 3-4　初期仏教・ヨーガと衝動存在論

2　教団の作為、誇大表現の可能性があるもの

Ⓑ衝動存在論のうち、初期仏教・ヨーガと重なる要素

1　経験と文献とが一致したもの

2　間接的に検証できるもの

3　検証はできないが、蓋然性が高いと推測できるもの

Ⓒ初期仏教・ヨーガの世界観を踏まえた、独自の要素

1　現代人の意識に即したもの

2　初期仏教やヨーガでは不要だったもの

Ⓐは、初期仏教・ヨーガのうち、衝動存在論に取り入れていない要素である。

Ⓐ1は、「冥想という手法でココロの奥に踏み入って、存在の本質をつかむ」という、初期仏教・ヨーガに共通の基盤に由来する要素だ。釈迦牟尼や弟子たち、あるいは当時のヨーガ修行者たちは体験していたが、私には踏み込めなかった極めて深い領域である。これは、私には検証できず、蓋然性も測れない。ただ、今後の探究で検証や推測が可能になれば、この範囲は小さくなるか

もしれない。

Ⓐ2は、私から見ても、教団の都合による作為の可能性を排除できないものだ。当然ながら、これは取り入れていない。

Ⓑは、衝動存在論のうち、初期仏教・ヨーガと重なる要素である。

中心は、第一章で述べたアーラヤ識や種子をはじめとして、私の体験と文献が一致したものだ。これに加えて、会員たちの指導から間接的に検証できる要素、経験や文献を通して蓋然性が高いと推測できる要素も、ここに該当する。

Ⓒは、衝動存在論独自の要素である。

Ⓒ1は、現代人の意識状態に即したものだ。私自身はもちろん、検証の対象とした知人や会員たちも現代人である以上、初期仏教の頃とは異なる部分が出てくるのは必然だ。例えば、衝動の干渉によって現れる様相は、あくまで現代の日本人が基準になっている。

Ⓒ2の、初期仏教やヨーガの時代に不要だったものは、二種類に大別される。

一つは「解脱教」という性質ゆえに、初期仏教では言及されなかったものだ。その代表格が「運」である。解脱を目指す修行者たちにとって、娑婆の禍福など眼中になかったため、初期仏典には運に該当する記述がないのだろう。

もう一つは、私の潜心力を補うために必要になったものだ。衝動分析をはじめとする、外側から無意識の姿をつかむための手法は、釈迦牟尼の時代には不要だった。

図 3-5　運の図式と力を注ぐポイント

以上のように、初期仏教・ヨーガには私の踏み込めなかった領域が存在し、かつ、私が現代を生きる人間であるため、衝動存在論がそこに完全に重なることはないのだ。

創運というシステム

当然ながら、創運のシステムも、現代に生きる我々が実践できるものとして構築した。

初期仏教が輪廻のサイクルから抜け出すことを目的としているのに対し、創運は今生のみが勝負の場になり、日常の環境を「苦」から遠ざけることにウエイトを置く。この違いにより、種子が現行して環境を形成する過程のうち、どこに力を注ぐかも異なる。

運の図式にあてはめるなら、初期仏教は、図3-5のデータ部分（Ⓓ）にアプローチする。出家者は、輪廻の原因となる種子をなくすことを目指し、在家信徒は出家者をサポートして、より高い世界へ転生するための種子を培う。

一方創運では、衝動エネルギーとそこから生じるガイドライン（Ⓔ）

のありさまを把握し、それを踏まえた意識サイドの効率的な努力（Ⓕ）によって、衝動がもたらす状況をコントロールすることを目指すのだ。

経験と熟成

なお、初期仏教と衝動存在論が完全に重ならない理由は他にもある。

私は探究の道標として仏教思想を中心に置いていたが、一つの角度から人間のココロに光を当てるだけでは、どうしても陰になる部分ができると考え、他の分野にも目を向けた。結果として衝動存在論は、先行概念のエッセンスを含む総括的なものになった。

なぜ、いずれの専門家でもない私が、分野の枠を超えた存在論に到達できたのかと言えば、次の二点に尽きる。

- **経験から始まっていること**
- **時間をかけて熟成させたこと**

私は実践から初期仏教の世界に足を踏み入れた。冥想体験の意味を文献で探るうちに唯識思想や『倶舎論』に出会い、そこに描かれた内容が存在のあり方につながっていると気付いたのだ。学者たちが外側から推測するしかないココロの本質に、私は早い段階で触れたがゆえに、分野を超えられたのだろう。
古《いにしえ》の論師《ろんじ》も冥想者であり、彼らは意識の足場から一歩踏み出したところで仏典を読み解いていた。『倶舎論』をはじめ、『中論』や『瑜伽師地論』など、仏教のエポックメイキングな著作は、いずれもそういう中から生まれたものだ。

私の仏典の読み方は、学問的に認識不足の点があるかもしれない。しかし少なくとも、冥想修行で培われた叡智を読み解くという切り口においては、無意識世界で多くの経験を重ねた私の方が、仏教学者たちよりも核心に近づいたと自負している。

加えて、私は答えを急がなかった。自己の経験を都合よく解釈せず、先行概念の理論体系を鵜呑みにもしなかった。何がどこまで真実なのか、様々な要素を照らし合わせて多くのデータを取り、納得できるまで検証とフィードバックを繰り返した。だから、先人たちの知恵を咀嚼して血肉とすることができたのだろう。

無意識世界に足を踏み入れてから二〇年以上かけて、私の存在論は「理論」と呼べるまでに整理された。そこからさらに二〇年ほど経た現在も、熟成は続いている。そうした熟成の結果が、次章で述べる「生と死のしくみ」である。おそらく読者の方が初めて聞く概念も登場するだろう。しかしそれも、先人たちの知恵と無縁ではないのだ。

第四章　生と死のしくみ

この先は、いよいよ生と死のしくみの中核部分に踏み込んでいく。既述のように衝動存在論は今も熟成の途上だが、現時点で私に見えていることを、できる限りお伝えしたいと思う。本章では、中陰と娑婆とを俯瞰して、我々がどのような存在であるのかを描き出す。

ここまでより、さらに言語化が困難な領域に入るため、十分に表現しきれない部分もあることをご了承いただきたい。

1　我々は輪廻のすそ野で生きている

中陰の経験

衝動存在論の根底には「輪廻転生」がある。しかし輪廻という言葉に、読者の方が抱くイメージは様々だろう。そこで、読み方の食い違いを防ぐため、まず、私の輪廻観からお話しよう。

私の輪廻観は、「根源体験」と「中陰の経験」という二つの冥想体験が土台になっている。「根源体験」は、第一章で述べたように、この世に生まれる前の経験が自分の内に存在する可能性を教えてくれた。

一方、死んだ後に入るフィールドについて示唆してくれたのが「中陰の経験」だ。これは、クンダリニ・ヨーガの修行過程で起きるもので、サマディ中に意生身がチャクラから抜け出す経験の一つである。抜け出すというと、いわゆる幽体離脱を想像する方もいるかもしれないが、それとは全く別の現象だ。意生身はある程度のコントロールが効き、第三章で引用した『神足相応』のように、肉体では不可能な経験ができる。

あるとき、肉体から抜け出した意生身が、漆黒のフィールドに入った。しばらくすると、どこからともなく様々な光やヴィジョンが目の前に現れた。それらは私を誘っているようで、私も強く惹かれたが、ついて行けば帰ってこられなくなりそうで、結局、光の乱舞をただ観ているしかなかった。

文章にすれば、たったこれだけだ。しかしその時の私には、サマディが明らかに異なるフェイズに入ったことがわかった。それは、程なく「根源体験」が起きたことからも確認できた。

『バルド・トドゥル』

二つの経験の意味を求めて様々な資料に当たる中で、先に根源体験の手掛かりが見つかり、アーラヤ識もしくはそれに近い層の経験だと見当がついた。そこで観た光の粒は、深部データであり、種子なのだ。

しかし「中陰の経験」で観受した光やヴィジョンは、言葉にすれば同じ「光」だが、根源体験で観たものとは全く異なっていた。こちらは何を意味するのかと探っていくと、おそらく同じ経験を描いていると思われる資料に出会った。それが『バルド・トドゥル』である。

これは、生と死について書かれたチベット密教の経典で、死にゆく人に対して、臨終の床から死後四十九日まで語り聞かせる物語だ。今から一〇〇年程前、英国の人類学者エヴァンス・ヴェンツが偶然手に入れて英訳したことで広まった。日本では、『チベット死者の書』という題で知られている。

『バルド・トドゥル』によると、人間は死後「バルド」という世界に入り、四十九日間を経て再生する。バルドでは、様々な神々が登場して、死者の転生先を決める「カルマの選別」が行われるとされる。

その記述に照らすと、私が入った漆黒のフィールドはバルドの入り口で、そこで観た光やヴィジョンは、チベットの修行者たちが神々と認識したものだと考えられた。チベット仏教では、神々の姿を描いたマンダラを中心に冥想修行を進めるが、私はそのような方法を取らなかったため、光をそのまま観たのだろう。

バルドは、日本人になじみの深い言葉で言えば「**中陰**」、もしくは「**中有**」である。中陰は我々が死後、身体を失ってから次の身体を得るまでの間にいるところで、娑婆とは重なって存在しつつも次元が異なる。

娑婆は実体のある「陽の世界」で、対するに中陰は実体のない「陰の世界」と言える。

流転する魂

これらの経験を土台に輪廻観が形成されていく。その中で私は、人間のことを「**魂**」として**輪廻転生する存在**と考えるようになった。

我々が「魂」という言葉を使うとき、人によって意味するところが異なる。生命の深部や心の根本にあるもの、という点では概ね一致しているが、それ以上には絞り込めない。辞書による定義も様々で、どれも漠然としている。

しかし、無意識を、それも深い層まで視界に入れれば、明瞭に定義することができる。魂とは「**無意識の最深部の機能と、そこに蓄積されたデータを合わせたもの**」と言えるのだ。初期仏教的に表現すれば、人間を構成する「色・受・想・行・識」という五つの要素（五蘊）のうち、「**行**」の一部と「**識**」にあたる。

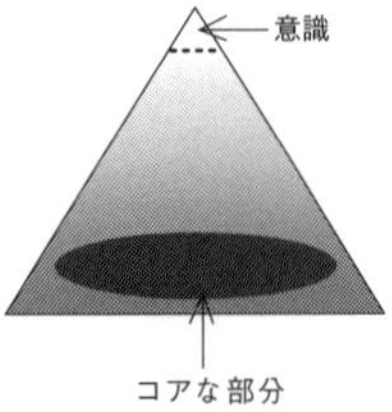

図 4-1　無意識層のコア

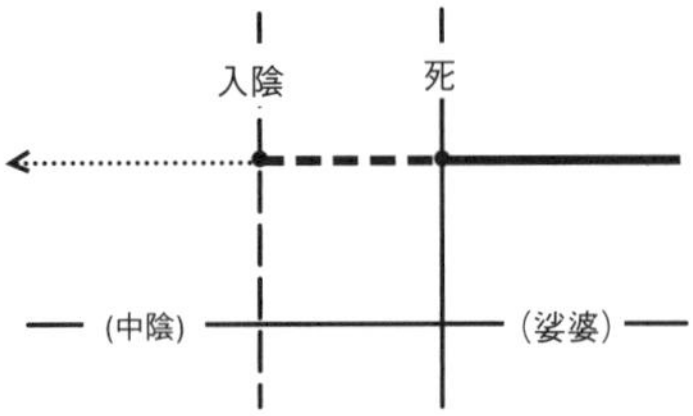

図 4-2　死から中陰まで

人間は、大まかに言うと次のような過程を辿って輪廻する。

死に際して、肉体の機能や意識の働きが停止すると、我々は最もプラーナが集中しているチャクラを通って肉体から抜け出す。死を境に、娑婆を生きる「人」という存在から、「魂」へと変容し始めるのだ。

死とともに、まず、表層意識の記憶や情報が消える。それから〝しばらく〟はこの世に留まり、その間に、生前に培ったデータのうち、イメージ層や浅い表層意識にあったものも消えていく。後に残るのは、無意識層の中でもコアな部分だ。これが先の定義による「魂」であり、我々は、この状態になって中陰へと入る。あるいは、魂の側から見れば、娑婆でまとった殻を脱ぎ捨てて本来の姿に〝戻る〟と言うべきなのかもしれない。

中陰に入ってからも、魂を構成するデータは、この後に述べる「直影作用」によって、根付き方の弱いものから順に失われていく。そして最後には、極めて強く根付いたものだけになる。言わば〝本性〟だけが残るのだ。

本性のみになった魂は、やがて中陰を抜け出し、自らの属性に応じた世界へと転生していく。このとき最後まで残ったデータは、新しい

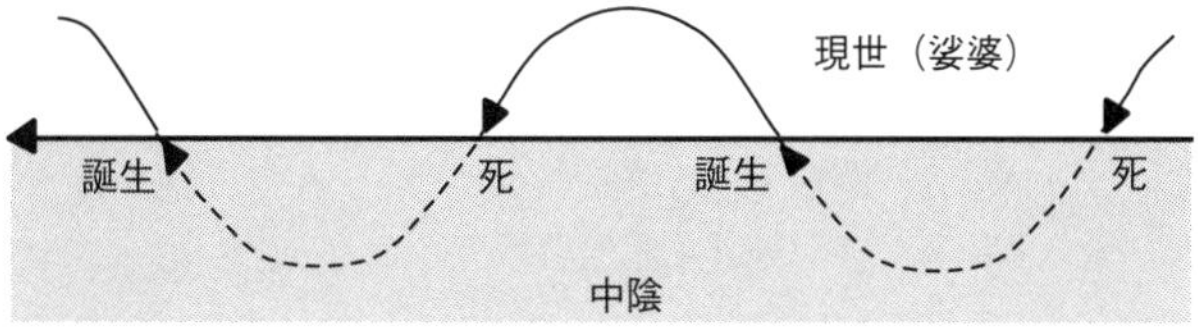

図 4-3　魂の流転

生において無意識の最深部に潜み、深部データ（種子）となる。

このようなプロセスで、あなた以前のあなたは誕生を境に変容し、現実を生きる存在となった。そして今のあなたは、死を境に魂という存在に変容する。

我々は、図４-３のように、「死」と「誕生」という切り替えポイントを経由して、生き変わり死に変わりしつつ、中陰と娑婆を流転しているのだ。


流転の過程のすべてにおいて我々を支配しているのが、内側の力である。

序章で述べたように、内側の力は二つの姿を持つ。一つの姿は「衝動エネルギー」で、これは、娑婆において我々に数多の制約を与え、人生のガイドラインを形作る。もう一つは「陰の力」で、こちらは中陰を司るとともに、我々を中陰へと誘い、再び娑婆へ押し出す働きをする。

つまり我々は、内側の力に誘われて輪廻転生を繰り返しているということだ。日々の生活の苦楽も人生の変動も、はるか源をたどれば、

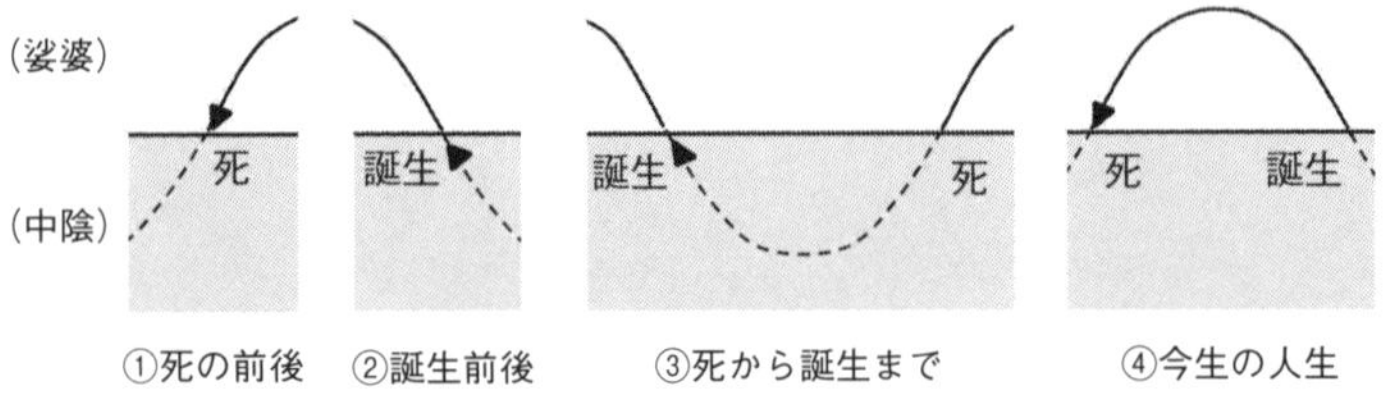

図 4-4　流転の過程

このような存在のありさまに至る。我々は輪廻のすそ野で生きているのだ。

間接的な証明

以上が私の輪廻観の概略だ。

私は、そのすべてを検証できたわけではない。当然ながら、中陰の記憶は残っておらず、また、冥想中に前生と思しき経験が甦ることがあっても、現実との照合はほぼ不可能だ。それでも、全体としてはおそらく間違っていないと考える根拠がある。

まず、死の前後と誕生の前後については、私の冥想体験と仏典の記述がほぼ一致している。臨終後、魂となって中陰に入る過程（図4-4の①）は、「中陰の経験」として観受しており、『バルド・トドゥル』の記述と重なる。

誕生に際して前生からのデータを持ち越すこと（②）は、「根源体験」に基づくもので、『倶舎論』の記述や唯識思想と整合している。

仏典の記述は、多くの修行者が観受し思索した結果、後世に残ったものだ。私はそういう記述を知らないまま、先入観なしに同様の体験をした。これゆえ、体験と仏典が一致するということは、根拠として信頼性が高いと言える。

死から誕生までの間、すなわち中陰で本性が剥き出しにされて転生先が決まる過程（③）は、冥想体験と文献を併せて考察した結論である。この部分を直接検証することはできない。しかし、①から③のすべてを踏まえて構築した衝動存在論の通りに、今生の人生（④）が動くことは確認できている。

衝動存在論のうち、今生の人生を対象にした部分が、第二章で述べた「無意識の法則」だ。私は、この法則を踏まえた指導を長年にわたって続けてきた。

衝動分析を確立したという手ごたえをつかんだ一九九八〜九九年頃から現在まで、リーディング総件数は二万を超え、数年以上在籍した会員は延べ五〇〇名以上にのぼる。今後、さらに件数が増えて、当てはまらない事例が登場すれば、修正、あるいは根本的な検討が必要になるが、これまでのところ、無意識の法則から外れた人は誰一人としていなかった。

このことは、法則の根底にある輪廻の流れに対しても、間接的な証明になっていると考えられる。

2　前生《ぜんしょう》の記憶はこうして消える

振るい落とされるデータ

ここからは、我々が中陰と娑婆において、どのようなしくみに動かされているのか、先に述べた輪廻の流れに沿って描きたい。

まず、臨終から新しい生が始まるまで、魂が辿る過程を述べていこう。あらましとしては、次の三つの段階に分けられる。

- 死から中陰　：記憶や浅い無意識層のデータが消える
- 中陰　　　　：「直影作用」によりデータが壊れ、極めて強く根付いたものだけが残る
- 新しい生　　：転生先に持ち越されたデータの上に新しい意識が備わる

臨終が近づくと、肉体的機能の衰えとともに意識機能も低下し、相対的に無意識の活動が優勢になる。すでにこの時、我々は陰の力に包まれ、中陰とつながり始めている。やがて死を迎えると表層意識の情報・記憶が消え、次にイメージ層や浅い無意識層にあるデータが消える。そして無意識層のコアな部分だけの「魂」に変容して中陰に入っていく。

巷間では、今生の意識のまま、あの世へ行くかのような幻想がまかり通っているが、それは誤りで、中陰に入る時には、我々が自分の「心」として認識していたものは何も残っていない。ちなみに少数だが、イメージ層や浅い無意識層のデータがすんなり消えず、なかなか中陰に入れないケースもある。彼らはすでに人ではなく、かといって魂に変容することもできないまま娑婆に留まっている状態で、これがいわゆる「幽霊」だ。

幽霊が〝見える〟人は、幽霊のまとうデータを感知して、そこに自身のイメージを重ねている。クンダリニが覚醒した私に向かって行者たちが、白蛇や龍神が見えると言ったことと同じ構図である。

世界各地の幽霊にあたる存在が地域によって様々な姿で認識されるのは、それを見る人々の中にあるイメージが、民族的、宗教的背景によって異なるからだ。

我々は見えない世界をこうして認識するが、裏を返せば、五感しか使えない我々が死後の世界を垣間見られるのは、このあたりが限界になる。

次は、中陰における〝振るい落とし〟の段階に入る。

中陰では、魂を構成するデータのうち、根付き方の弱いものが破壊されて、振るい落とされるかのように失われ、魂の本性が露わになっていく。データの破壊を引き起こすのは、私が「直影」と呼ぶ作用だ。この名称は、娑婆における「投影」と対比して付けた。

娑婆では、データから生じる衝動エネルギーの投影作用により、人間関係や状況などの外側の環境が作り出される。一方、中陰では投影の対象となる「現実」が存在しないため、データそのものが光やヴィジョンとして現れる。

そして、感覚器官を持たない魂は、眼で光を〝見る〟ことはできず、直接触れることで認識する。これを直影と呼ぶのである。

・投影：娑婆において、データが衝動エネルギーを介して周囲の環境に具現する
・直影：中陰において、データが光やヴィジョンとして現れ、魂は直接触れる

直影作用で現れる光は様々な色を帯びている。この色はデータの属性を反映したもので、例えば「物質的な所有の喜び」や「貪り」は黄色い光として、「他者との関係性」は青い光として現れる。

魂が光に直接触れるというのは、緩衝材の役目をする意識や感覚器官を介さず、データの属性にダイレクトに触れることであり、魂は恐怖、快楽、悲しみなど、属性に沿った感情や感覚そのものになりきってしまう。中陰は、魂にとって決して平穏な世界などではないのだ。

データに触れることは、魂に強烈なショックをもたらす。

そもそも中陰まで残るデータは、激しい感情の動きを伴う経験が元になっている場合が多い。そんなデータに直接触れるわけだから、激しいショックにさらされるのも当然だ。ちょうど、蛇が嫌でたまらない人が、顔に蛇を押し付けられた、あるいは口に入れられたようなもので、トラウマなどの比ではない。耐え難いショックに、魂は〝気絶〟や〝失神〟のような状態に陥ってしまう。この時、データが破壊されるのだ。

次々に現れる光に触れて、魂が〝気絶〟を繰り返す中で、破壊されたデータは玉ねぎの皮をむくように剥がれて振るい落とされる。最後に残るのは、極めて強く根付いたものだけだ。これが魂の本性である。

やがて、振るい落としの過程を終えた魂の前に、再び様々な色の光が現れる。これは自らのデータの直影として現れた光とは異なり、転生先の候補になる世界が発するものだ。

魂は、残ったデータの中でも最も強い属性と親和する光に惹かれ、その中に飛び込む。我々も、他者との関わりを求める属性が強いがゆえに、人間世界が発する光に飛び込んだのだ。

こうして中陰が終わり新しい生が始まる。そこで魂は、前生とは全く別の肉体や意識を得る。しかし中陰を越えて持ち越されたデータは、新たな生でも無意識の最深部に根を下ろし、深部データとなるのである。

輪廻と家系の交差点

人間の世界に転生してきた魂がどんな環境に生まれるかは、ランダムに決まるわけではない。魂は、自分が中陰から持ち越してきたデータと、最も親和性の高いデータを持つ親のもとに生まれてくるのだ。

このことは、次のように考えていただくとわかりやすい。データの集合体である魂は、様々な色の点によって構成される点描画のようなもので、どの世界に転生するかは、絵の中心的な色調、すなわち強く多量に根付いたデータの属性に応じて決まる。そして、どの親の子として生まれるかは、構図を含めた絵全体と、親のデータとの親和性によって決まる。

親和性が高いとは、相性がいいという意味ではなく、単に似ているだけでもない。その親のもとで育つことで、魂の持つデータが具現しやすい関係を指す。具体的には、次の二つの条件の両方を満たす関係である。

・親子のデータのトーンが似ている
・親が、子供のデータを具現し得る環境にある

親から子へは、意図的に行うしつけや教育のみならず、私が「衝動教育」と呼ぶ無意識レベルの刷り込みも行われる。親子のデータのトーンが似ていれば、いずれの教育も子供の衝動エ

ネルギーを補強するように働き、子供のデータを具現させるのだ。

魂は、自分を自分に仕立ててくれる相手を嗅ぎわけるかのように、然るべき母親の子宮に宿る。言わば、親が用意するハードウェア（姿婆の肉体）に、魂というソフトウェア（持ち越されたデータ）が組み込まれるわけで、この時、ソフトを効率よく動かしてくれる親が選ばれるのである。

親子間にこのような関係性があるがゆえに、家族や血族の中には、よく似た属性のデータを持つ人が何人も存在することになる。必然的に彼らの思考や行動のパターンもよく似ており、その結果、

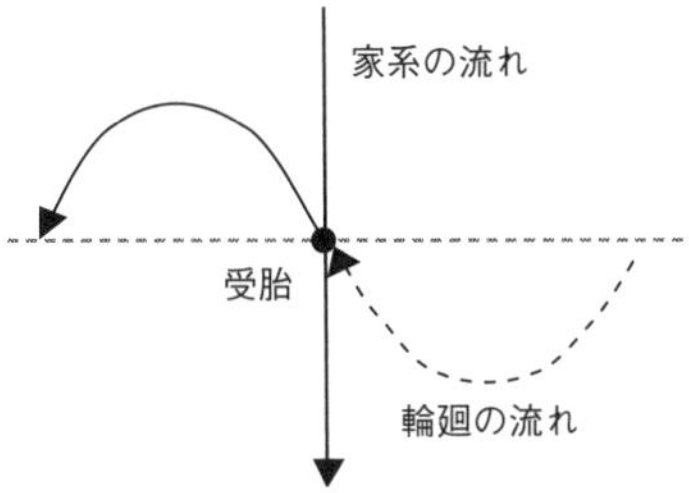

図 4-5　輪廻と家系の交差点

家系ごとに特有のトーンが形成される。親の側から見れば、家系のトーンを具現しやすい魂を子供として授かると言えるだろう。

つまり我々は、輪廻の流れと家系の流れが交わる処で生を享けるということだ。二つの流れは、姿婆に現れようとする魂と受け皿になり得る親、双方の条件が揃ったときに交わる。それこそが、中陰でのプロセスを終えた魂が現実世界に肉体を得る「特異点」なのだ。

前生の記憶は存在するのか

以上が私の考える転生の過程だ。これに関しては過去の著作でも言及しており、様々な感想

や質問が寄せられてきた。その中から代表的なものをいくつか解説しよう。

著名人や知識人たちの死を語る著作と比べて、私の論が精密かつ深部に及んでいると驚かれる方が多い。そういう感想が出るのも当然だろう。知識人たちには、死の先を語るために不可欠なもの、すなわち、五感に縛られた現実世界の〝向こう側〟を経験できる観受能力が備わっていないのだ。

確かに、観受した内容だけに立脚していれば、思い込みにとらわれる危険性が伴う。それを避ける道具として知性は欠かせない。私は、危険性を排除するために、論理的な考察、文献による裏付け、指導での検証という三つのセーフティネットを張っている。

とは言え、知性が役立つのは、あくまで観受能力の補助に限られ、知性だけで死の本質に迫ろうとするなど、どだい無理な話なのだ。電子顕微鏡を用いて初めてウイルスの存在がわかるように、現実世界を突破して初めて、死の先が見えてくる。そのことに気付きもしない人間が死を語ったところで、所詮は憶測に過ぎず、自分自身の心象風景と大差ない。

このあたりは、第三章で述べた神変に関する学者たちの稚拙な考えと相通じるのではないだろうか。

〝前世の記憶〟や〝生まれ変わりの経験〟といった、巷間で言われる体験談との違いについても、よく質問される。私はそれらの体験談のうち、本当に前生を記憶しているケースはおそらく皆無に近いと考えている。

魂として中陰に入れるのは、無意識層のコアな部分のみであり、今生の意識がそっくりそのまま入るわけではない。また、魂を構成するデータも、中陰における振るい落としの過程で多くが失われる。残ったデータは、新たな生に持ち越されて無意識の最深部に宿るが、その上には前生と全く異なる肉体や意識が備わり、意識と無意識がつながるルートも変わる。

このため、新しい生に踏み出したこと自体が、前生のデータを認識する障害になる。深い無意識に入らない限り、前生のデータには触れられず、当然ながら、通常の意識状態のままでデータが記憶として甦ることもない。

つまり、意識の足場のみで生きている人の〝前世の記憶〟は、イメージ層への没入による錯覚、もしくは単なる想像の産物だと判断せざるを得ないのだ。

中陰はデータを受け入れる

「死によって肉体が消えるのに、脳で行われる無意識活動や蓄積されたデータは消えないのか」という質問も受ける。

生前のデータの一部が魂として中陰に入ることは間違いない。そう考える根拠の一つが、死を迎えた人のアイドリング・エネルギーだ。我々は微弱な衝動エネルギーを絶えず漏らし続けており、私は亡くなった人のエネルギーも、死後一～二日の間であれば観受できる。そして、魂が中陰に入ったと思われる頃から急に観受しにくくなり、やがて全く感じられなくなる。その間、アイドリング・エネルギーの〝個性〟は、一貫して生前と変わらないのだ。

生前のデータが死後に受け継がれる仕組みは、先人たちも解き明かそうとしてきた。例えば神智学では、人間が輪廻の中で培ったものが宇宙のどこかに「アカシック・レコード」として保存されていると考える。これは一例に過ぎず、今のところ定まった説はない。

私も明確な答えを見出してはいないが、次のような仮説を立てている。

中陰そのものにデータを保持する働きがあり、魂が娑婆で蓄積したデータを波動として受け入れることができる

この考えは冥想経験からきたもので、根拠を文章で表現するのは難しい。強いて言葉にするなら「空間自体が、そこで反復された行為や感情を記憶する」とでも言えようか。

私は、水や空間には情報を記憶して伝える働きがあるという実感を持っている。例えば私は銭湯や温泉には入らない。なぜなら、他人と同じ湯船につかると、その人たちの衝動、欲求、感情などが一気に押し寄せてきて、著しく消耗するからだ。

空間の場合は、水より伝わり方が弱いものの、激しい怒りや痛切な悲嘆といった強い感情を抱く人が直前までいた部屋に入れば、同じような感情が湧いてくる。これは、ある場所で発し

た強い感情や繰り返し行なった言動の影響が、短期間ながらその場に残るということだ。この現象が「残留思念」と呼ばれるのかもしれない。

中陰を「空間」と同一に語れるのかという議論はひとまず置いて、中陰がデータを保持する仕組みは、この現象の延長線上にあるのではないかと考えている。

以上は経験に基づく仮説だが、検証する術を私は持たない。娑婆から中陰への〝データの引き継ぎ〟は、神秘の一つと言えるだろう。

二つの条件

また、「運の図式」(19ページ図0-4参照)が、生と死のしくみの一部であるという視点も、これまでにないものとして驚きをもって受け止められる。そういう視点が今までなかったのは、ある意味当然と言えよう。なぜなら、この図式に辿り着くためには、少なくとも次の二つの要因が欠かせないが、それらが揃うのは極めてまれだからだ。

- 輪廻の存在を明確に認識できる
- 娑婆の営みに関心を持っている

まず、輪廻の存在を明確に認識できなければならないが、娑婆で普通に暮らす限り不可能だ。

既述のとおり、通常の意識状態では、前生のデータが記憶として甦ることはない。また、中陰で起きたことも思い出せない。それは魂が、経験を記憶しデータとして蓄積するシステムを持たないからだ。翼がなければ空を飛べないように、記憶する機能を持たない魂は、中陰でいかに激しいショックを経験しようと、覚えてはいられない。

つまり通常は、我々が認識できるのはこの娑婆だけで、輪廻を認識するには、冥想によって深い無意識世界を経験することが不可欠になる。

ところが深い冥想に入れるようになると、今度は生きる軸足が無意識側に移り、娑婆への関心が薄れてしまう。初期仏教時代の出家修行者たちのように、娑婆の禍福には目が向かなくなるため、運の仕組みなど考えもしないのだ。

私の場合は、第一章で述べたように、甘露の冥想を通して無意識をコントロールする力が強まり、無意識世界を経験しつつ現実世界の足場も保っていられた。その後、潜心力の限界を自覚したために、冥想によらずして無意識世界を探究する道に舵を切り、運の図式に気付くことができた。言わば冥想者としての資質のなさゆえに、運の正体を見出せたのである。

中陰のかけら

「内側の力や中陰というものが、今ひとつピンとこない」という方もいる。だが実は、内側の力は、我々が認識できる形でも存在している。「中陰のかけら」とも言うべきもので、主に次の三つである。我々はこれらを通じて中陰のありさまを推し量ることができるのだ。

・眠り
・強制衝動
・サマディを伴う深い冥想

第一に、眠りがあげられる。眠りは肉体が安定したまま意識機能が低下して、無意識に取り込まれた状態だ。眠りの中で夢を見ることと、中陰でヴィジョンを観ることはよく似ている。睡眠というこの上もなく無防備な状態が生き物にとって必要不可欠なのは、我々が内側の力から離れられない存在であることを示しているのではないだろうか。

次に、「強制衝動」に干渉された時（強制衝動期）の状態も、中陰とよく似ている。強制衝動とは、後述するように、経過衝動の中でも特にエネルギーの強いものを指す。

強制衝動期には、データから生じる強い衝動エネルギーの干渉に、我々は為すすべもなく振り回され、心や環境が大きく変動させられる。一方中陰においては、魂はデータに直接触れ、濁流に飲み込まれたかのように翻弄される。強制衝動期と同様の状況が、五感や衝動を介さず、はるかに強烈なレベルで起きるのだ。

つまり強制衝動は中陰の相似形と言えるもので、我々は、強制衝動を通して、中陰の状況を間接的に疑似体験しているのだ。

三つ目に、サマディを伴う深い冥想があげられる。これは、内側の力と直接触れ合う行為で、サマディに入れれば、中陰そのものを垣間みることができる。

冥想はさておき、眠りや強制衝動は誰もが経験する。それらを内側の力の一端としてとらえること自体が、力を認識する出発点となるのだ。

中には、ピンとこないどころか、「輪廻などない、死んだら終わり」と言い切る人もいる。意識の足場から一歩踏み出した思考ができれば、輪廻の存在もすんなり許容できる。しかし、ほとんどの人はそこから踏み出せないうえ、認識方法も五感に依存している。このため、肉体が消えればすべてが終わると考える人がいるのも、仕方ないことだろう。

3　内側の力が司る娑婆のしくみ

前項では、我々が中陰という陰の世界に入るところから、新しい生を享けるまでを述べた。この項では、現実という陽の世界に視点を移し、今生の人生が無意識の法則のもとに展開するありさまを描き出す。

我々は、人生は意のままにはならないとわきまえつつも、自分が舵を取っていると信じて疑わない。しかし実際は、自分の人生を生きている人など皆無であり、誰もが、自身が思うよりもはるかに厳しい状況で〝生かされて〟いる。どこに焦点を当てるかで評価は異なるが、こと無意識との関係においては、我々人間は大した生き物ではない。まずはこの事実を、目をそらさずにご覧いただきたい。

運命はどのように形作られるのか

我々は、衝動エネルギーが生み出す隠されたガイドラインと、意識サイドの力とのせめぎ合いの中で生きている。概要は序章で触れたが、改めて詳しく述べていこう。

ガイドラインとは、「衝動趨勢」と「運命趨勢」の総称だ。衝動趨勢は人生を方向付ける潜勢的な流れであり、各自のデータに応じて、固有のスケール、性質、勢い、時間枠を持つ。その衝動趨勢に誘われて展開する人生のありさまが運命趨勢だ。

序章で述べたように、これらは大海原の潮流に例えられる。我々が乗る人生の小舟は、衝動趨勢という潮流の中におり、小舟の動きが運命趨勢に当たる。我々は自由に航行しているようでいて、その実、ガイドラインから外れることはできない。

では、ガイドラインはどのように形成されるのだろうか。

ガイドラインの根本になるのは、前生から持ち越された各人固有の「深部データ（種子）」だ。データはすべて、現実の世界に具現せんとする勢いを有しており、何かのきっかけでココロの表層へと動き出す。この勢いによって衝動エネルギーが生じ、データの属性に沿って意識サイドに影響を与える。その働きが「**無意識の制約**」だ。

中でも、四歳頃までの幼年期に深部データから生じる数多の制約は、全体として一つの流れを形成する。それが「**衝動趨勢**」である。

また、幼年期に生じる制約は、衝動趨勢を具現しやすい行動・言葉・思考のパターンを定着させる。その結果、我々の人生はデータの特性に沿ったトーンとスケールで展開することになる。これが、ガイドラインのもう一つの要素である「**運命趨勢**」なのだ。

つまり、ガイドラインは次のような経過で形成される。

深部データ ➡ 衝動エネルギー ➡ 制約の集合体 ➡ 衝動趨勢 ➡ 運命趨勢

幼年期における無意識の制約のうち、生まれて間もない嬰児の頃に生じるものは、ほとんどが「**衝動教育**」を介して行われる。衝動教育とは、縁の深い者が共に過ごすうちに無意識レベルで影響し合って起きる刷り込みのことを言う。双方に「教えよう」「学ぼう」という意志が存在しなくとも、低温やけどのように気付かないうちにじわじわと、受け手の深部に影響が刷り込まれていく。「感化」や「薫陶」は、衝動教育の目に見える部分と言えよう。

嬰児期の制約に衝動教育が介在する理由は、この時期特有の意識状態にある。本来なら衝動エネルギーは、意識に働く強制作用と周囲の環境に働く投影作用という二つのルートで干渉する。しかし嬰児の場合、意識の働きはないに等しく強制作用の対象にならない。このため、衝動エネルギーは周囲に投影され、衝動教育を介して子供に制約するのだ。

衝動教育の主な担い手となるのは親である。そもそも子供は、データレベルの親和性が高く、自らのデータを形にしてくれる親のもとに生まれており、親子間では衝動教育が特に働きやすい。

また、受け手が吸収しやすい状態にあるほど、衝動教育の影響力は強い。つまり、幼年期に親から受ける衝動教育は最も強力と言えよう。

親以外にも、すべての家族や関わる人間の言動、近隣の環境など、子供の出生衝動が投影された「**幼年期の環境**」と、そこから与えられる意識的・無意識的な刷り込みや刺激すべてが、衝動教育の教材になる。

子供の意識が形成されるにつれて、投影作用のみが働く状態は徐々に解消され、一歳頃からは強制と投影の両方が働くようになる。周囲からの衝動教育も引き続き行われて、これらが複合的に様々な角度から子供に影響を与え、衝動趨勢が形成されるのである。

六つの切り口

我々は、ガイドラインの形成過程においても、それ以降の人生においても、衝動エネルギーによる制約を受け続ける。衝動は複雑に絡み合って干渉するため、人生に与える影響をつかむのは容易ではない。

私は六つの切り口から衝動を分析することで、制約のありさまを把握している。ここでは切り口に沿って、衝動の働きを見ていこう。

1 福力：我々の存在そのものを肯定し、生きる基盤になる力
2 出生衝動：衝動趨勢を形成し、基本的な人生の方向性を決める力
3 経過衝動：ガイドラインにうねりをもたらし、心や環境を変化させる力
4 強制衝動：特に力の強い経過衝動で、人生を激変させる力
5 後天衝動：後天的に根付いたデータから生じ、ガイドラインを変化させる力
6 血族衝動：家族や家系のメンバー間によく似たガイドラインをもたらす力

筆頭にあげた「福力」は、衝動の中ではやや異質なものであるため、最後に述べたい。まずは序章で登場した「出生衝動」「経過衝動」からお話ししよう。

「出生衝動」は、深部データを源として、出生時から四歳頃までに生じる衝動エネルギーで、ここからもたらされる諸々の制約が衝動趨勢を形成する。

我々の人生を構成する様々な要素のうち、どの分野に、どのような制約が、どの程度の強さで働くかという基本的な傾向は、出生衝動によって方向付けられる。極端に言えば、仕事とい

う分野に支援となる制約が働く人は、仕事で才能を発揮し、実力を評価され人脈に恵まれるなど、職業をめぐる事柄がすべてうまくいく。逆に、足枷となる制約が働く人は不本意な状況に陥りやすい。

家庭という分野に支援となる制約が働く人は、生涯の伴侶にすんなりと出会い、安定した家庭生活が続く。足かせとなる制約が働く人は、幼少期から家族の問題で苦労し、成人してからもトラブルの絶えない家庭生活になる。

出生衝動による方向付けは、金銭、人間関係、健康など人生のあらゆる分野に及び、全体としてガイドラインの大枠を決めている。

また、我々の行動・言葉・思考のパターンをはじめとして、性格、興味、嗜好、心の闇、コンプレックスといった、意識が有する特性にも、出生衝動の傾向が反映される。だから出生衝動を分析することによって、本人が自覚しているよりもはるかに明確に、意識の特性をつかめるのである。

データから衝動エネルギーが生じるのは、出生直後や幼年期だけではない。データは、生きている間は常に象《かたち》を取ろうとしており、その動きに応じて、様々な性質・強さの衝動エネルギーが、数ヶ月から一年程度のスパンで現れては消えていく。これが「**経過衝動**」で、ガイドラインにうねりをもたらす力と言えよう。

・EL３	一部の人は、投影作用による環境の変化が起きる 一部の人は、感情をコントロールできなくなる
・EL４	EL３と同様の変化が多くの人に起きる ほとんどの人の夢に変化が現れ、一部の人は眠れなくなる
・EL５	EL３と同様の変化がほとんどの人に起きる ストレスが強まり、心の病や、ガンなどの重病を発症する 大ケガなど、身体に深刻な影響を及ぼすトラブルが起きる 通常では考えられない確率、内容のアクシデントが起きる
・EL５超	10年単位で影響の残る出来事が起きる 大病、倒産、収監など、人生を左右する重大な事態が起きる

表 4-1　経過衝動の影響

経過衝動に沿って、思考、感情などの意識の働きや、現実の環境が変化する。例えば、「分離」という属性のデータから生じる経過衝動が干渉すると、強制作用によって今の環境や人間関係などから「離れたい」という方向に心が動き、投影作用によって現実に何かから切り離されるような状況が出来する。

具体的な様相は、各自の意識サイドの力や現状により千差万別だが、会社からの独立を決断する、離婚を考え始める、家族から離れて入院するなど、何かしら「分離」に象徴される変化が起きるのだ。

経過衝動の強さによって影響の程度は異なる。衝動分析においては、経過衝動の強さをエネルギーレベル（ＥＬ）という単位で表し、影響力の弱いものから順に１～５、５超の六段階で分類している。ＥＬ１～２の弱い衝動では意識の働きが一時的に変化するのみで、影響は限定的だ。ＥＬ３以上では、表４-１のように、意識の働きだけでなく現実の出来事や人間関係にも変化が現れる。

変動をもたらす強制衝動

私は、経過衝動の中でも特に影響力の強いものを「強制衝動」と呼んで区別している。

これは、無意識活動の増大に伴って生じる強圧的な衝動エネルギーであり、我々の心と環境を〝強制的〟に大きく変動させることからこの名を付けた。平たく言えば強制衝動期は、無意識が力を見せつける時なのだ。

強制衝動に該当するのは、ＥＬ４の一部とＥＬ５、ＥＬ５超の衝動だ。ＥＬ５なら、約九割の人が普段の判断力や思考力を失い、七割の人が環境の変化を経験する。ＥＬ５超になればその割合はさらに高まるのだ（222ページ表5-2参照）。

衝動には、意識サイドの支援となる制約をもたらす「正の衝動」もあれば、足枷となる制約をもたらす「負の衝動」もある。強制衝動の多くは負の衝動に該当し、人生にダメージを与える。強い衝動ほどダメージも大きい。著名人が不祥事で表舞台から消えたり、大企業で屋台骨を揺るがす問題が起きたりするのは、大半がＥＬ５以上の強制衝動期だ。

私のクライアントも、初めての依頼の際には、およそ九割の方が強制衝動の干渉による問題を抱えており、その率は開業当初から二十年以上、ほぼ一定している。読者の方も、思いがけない厄災の連続や一気に噴出したトラブルで、あるとき突然、日常が変わってしまった経験はないだろうか。それはおそらく強制衝動期だったのだ。

強制衝動を含む経過衝動は、はじめは弱いエネルギーで干渉して、徐々に強まり、ピークを過ぎると再び弱まっていく。ＥＬの分類はピーク時の強さを基準にしている。

力の変化に応じて、衝動期は「潜在期」↓「成就（結実）期」↓「終息期」と推移する。それぞれの時期には特有の状態があり、強制衝動の場合は、およそ次のような形になる。

潜在期は、干渉が始まったばかりでエネルギーがまだ弱い時期だ。意識やイメージ層が影響を受け、感情や思考の方向性、興味の対象、夢のテーマなどが衝動の性質に沿って変化し始める。しかし環境の変化は現れない。

やがてエネルギーが強まると投影作用も働くようになり、衝動の性質を体現する状況が生じる。これが成就期で、人間関係の変化、トラブルやアクシデントが起きるばかりか、不眠や病気などの肉体的問題も現れやすい。

終盤になってエネルギーが次第に弱まる終息期には、トラブルも徐々に収まっていく。

強制衝動の怖い点は、心や環境が変化させられることだけではない。衝動期に起きた変化の影響は、その後も長く残り、人生を制限し続けるのだ。例えば、分離強制衝動期に勢いにまかせて独立したが、ほどなく倒産して多額の負債を抱え、家族関係や健康状態まで悪化するといったケースは枚挙に暇がない。

特に、強制衝動が同時に複数干渉する「**複合強制衝動**」は単独の場合よりも影響力が強く、数年間に連続して干渉する「積年衝動」になると、さらに強い。これらの多くは十年以上にわたって尾を引く。

強制衝動は定期的に干渉するわけではなく、複合強制衝動や積年衝動のように、集中的、連続的に干渉することもあれば、間隔が空くこともある。そのパターンは一定せず、人によっても様々だが、平均すれば数年に一回の頻度になる。

そのたびにマイナスの変化として具現させてしまえば、人生の質は低下し続ける。ということは、強制衝動のダメージを回避するだけでも、人生を安定させる効果は非常に大きいのだ。このため私は、創運の指導においても、強制衝動への対処に多くの時間と労力を注いでいる。

この「強制衝動」と、先に述べた「出生衝動」「経過衝動」の三つは、衝動分析の必須項目と言える。

後天衝動と血族衝動

「後天衝動」とは、文字通り、後天的に蓄積されたデータから生じる衝動だ。誕生以来、限りなく繰り返された特定の心の働きが無意識層に根付き、深部データとともに衝動エネルギーの源になるのである。

一般的に、繰り返される思考や行動の大半は出生衝動に沿っているため、そのデータから生じる後天衝動も、生来の衝動趨勢の枠内に収まる。しかしまれに、出生衝動とは異質の思考や行動パターンを積み重ねた結果、データとして根付く場合がある。

そうなると、既存のガイドラインに後天衝動による力が加わることで、新たな運命趨勢が形成されていく。創運の実践には、後天衝動を培う要素が含まれており、方向を定めてデータを培い続ければ、新しい人生を作り出せる。寿命が伸びるこれからの時代は、後天衝動の重要性がますます高まるだろう。

「**血族衝動**」は、家族や一族のうち複数の人に、よく似たガイドラインをもたらす衝動エネルギーである。

既述のとおり、子供は、自身とデータのトーンがよく似た親のもとに生まれてくる。このため、家族や一族間では複数の人間が似たデータを持つことになり、そこから生じるガイドラインも似通ったものになる。その結果、一族のガイドラインを俯瞰すると固有のトーンが浮かび上がる。ちょうどマスゲームにおいて、個々の踊り手たちの動きから、大きなモチーフが見えるようなものだ。あたかも、血族全体に影響して似通ったガイドラインを生み出す力が存在するかのようであり、この〝見かけの力〟を私は「血族衝動」と呼んでいる。

血族衝動の実態は個人衝動だ。家族や一族間の似た深部データから生じる衝動が、血族衝動として機能するのである。各人の衝動のうち、どれがその働きをするのかは、本人だけを分析しても判断できない。家族、一族の出生衝動を比較対照することで、次の例のように共通点が浮かび上がり、該当の衝動が明らかになる。

・両親の感情抑圧衝動が、子供にも見られる
・親の征服衝動が、子供に暴力衝動として現れる
・祖父が強い芸術衝動群を持ち、孫にも芸術衝動が見られる
・強い分離衝動群を持つ人が、他の家系よりも有意に多い

血族衝動は強い影響力を持ち、人生の要所要所で、血族衝動の性質に沿った選択をさせたり、そういう選択をせざるを得ない状況を作り出したりする。そして、逃れ難い強さで個々の人生を誘い、時として、一族の間に偶然という言葉では片づけられない類似性や反復性をもたらすのである。

・社会性を損なう衝動に干渉されて転職した人が何人もいる
・三人兄妹がすべて、四〇代の強制衝動期にガンを発症した
・叔父、甥、甥の息子の三人が、三〇～四〇代の強制衝動期に起業し、倒産した
・母娘共に、結婚するとほぼ同時に、夫の海外転勤が決まった

特に就職や結婚などの節目における選択に強く介入する。ほとんどの人は、自らの意志で配偶者を選んだつもりでも、血族衝動の干渉により、自分の衝動趨勢を具現してくれるような相手を〝選ばされて〟いるのだ。

かくして、誰もが個人のガイドラインに沿って生きつつも、同じ一族の中には似た運命趨勢を持つ者が複数現れる。私は、このような一族間で類似する運命趨勢を「**血族運命**」と呼んでいる。離婚する人が多い家系や同じ職業の人が多い家系など、読者諸氏も思い当たる例があるのではないか。第三章で述べたドストエフスキーの家系に、聖職者と殺人者、犯罪者が多数出ているのもこの一例だ。聖職者と犯罪者は正反対の属性に見えて、実は同じ種から咲いた色違いの花と言うことができる。

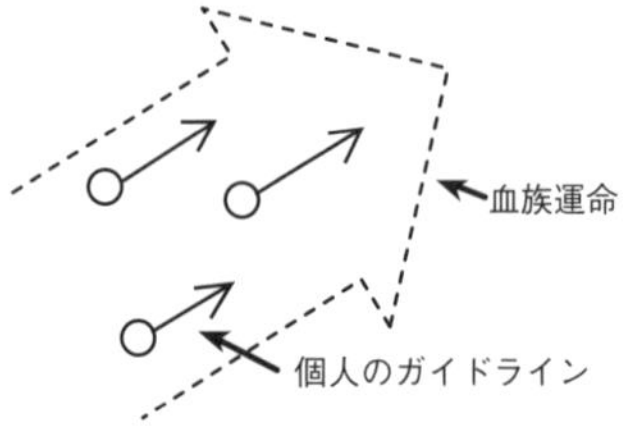

図 4-6　個人のガイドラインと血族運命

血族衝動から生じる制約は多くの場合、個人の人生を困難な方向へと誘い、負の運命趨勢をもたらす。その趨勢のままに生きる人が家系に複数いれば、人生の安定や充実の水準を家族単位で見た「**家運**」も、当然衰えることになる。

そのうえ厄介なことに、血族衝動から生じる負の運命趨勢は、親と子、子と孫の間で反復される。このため、一度そういう流れに入った家は、まるで家系を根絶やしにする力にもてあそばれるかのように、**世代を経るごとに家運が先細りになるのみならず、子孫の生命力も弱まっていく**。その流れから抜け出せる家系は、稀有と言ってよいだろう。

血族衝動は、個人の人生のみならず、家族・一族全体に長期にわたって関わるため、後に詳しく述べる。

徳と福力

六つの切り口の最後に、「**福力**」についてお話ししたい。

福力は、ある属性を持つ深部データから生じるエネルギーで、人生の質を大きく左右する。福力も衝動の一種だが、他の衝動とは異なる特徴を持つために別の名を付けて区別している。

福力の源となるデータに私が気付いたのは、根源体験の少し後のことだ。冥想中に、特に深い無意識層の一角を占めるデータ群を観受したのだ。それは〝存在〟を肯定する属性のみで構成されており、当時の私の年齢をゆうに超える非常に長い年月を経ているように思われた。

私は、このデータ群に「徳」と名付けた。徳は、東洋思想によく登場する言葉だが、本書では、儒教など特定の思想を踏まえているわけではなく、あくまでこのデータ群を指す名称として用いる。

徳の観受と考察を繰り返す中で、様々なことがわかった。徳は中陰での振るい落としにも壊れにくく、何生も持ち越されており、中陰と娑婆の両方で大きな影響力を持つ。中陰では、魂を苦しみ少ない世界へと転生させる力となる。娑婆においては、深部データの一部として無意識の最深部に宿り、生きるという行為を土台から支える。

この「徳」から生じて、我々を苦しみから遠ざける働きをするエネルギー、それが「福力」なのだ。

・徳　：無意識の最深部に強く根付いた、存在を肯定する属性を持つデータ
・福力：徳から生じて、現実世界で我々を苦しみから遠ざける力

福力は、経過衝動と同様、ガイドラインに変化をもたらすが、その働きには次のような独自の特徴がある。

まず、徳が存在を肯定する属性を持つがゆえに、福力も根本的かつ肯定的な影響のみを及ぼす。我々の人生に愛、喜び、慈しみ、調和、共存などの要素をもたらし、「何ものかに守られているような感覚」「生きていることそのものへの感謝」を呼び起こすのだ。人生にゆるぎない安定感を与える「**生存基盤衝動**」、あるいは我々を幸せへと誘う「**幸福基盤衝動**」と言うこともできよう。

次に、経過衝動の干渉が、数ヶ月から一年くらいの間に強まっては消えていくのに対して、福力は生まれた時から常時ゆるやかに干渉し続け、変化のスパンも十年単位になる。

つまり、福力が強い人は、肯定的な影響を常に受けているということだ。このため、衝動がマイナスの形で現れにくく、衝動趨勢という潮流の中でも、より安定したルートをスムーズに進めるのだ。


福力の代表的な現れ方として、第三章で触れた「被選択」の場面において、肯定的に選ばれるということがある。

何らかの能力や人柄を周囲から認められ、仕事の相手や人生の伴侶、賛同や支持の対象などとして選ばれることには、福力が大きく関わっている。知性、技術、創造力などの現実的な能力がどれほど高くても、福力が弱ければ選ばれにくいのだ。

この現象の背景には、無意識同士が互いに同調し合う「共鳴」という作用がある。共鳴作用は無意識の深部ほど強く働くため、特に深いエリアを占める徳のデータは不特定多数の人と同調する。福力が強い人、すなわち徳の豊かな人は、絶えず多くの人に肯定的な働きかけをしており、周囲もそれに同調しているということだ。これが、肯定的に選択されるという形で現れるのである。

福力は他にも、表4-2のような、人生に充足感をもたらす諸々の能力の高さとして現れる。いずれかの分野が突出して高かったり、平均して高水準だったりとパターンは人それぞれだが、

1	肉体的生命力	6	居住環境形成能力
2	社会的生命力（地位形成能力）	7	知的霊的能力
3	金銭財産獲得能力	8	幸福感受容能力
4	人間関係形成能力	9	感情イメージ表現能力
5	家庭環境形成能力	10	存在遡及能力

表 4-2　福力の現れ

福力の強い人はこれらの総和が大きい。

単純に言えば、福力が極めて強い人は幸せで思い通りの人生を送ることができ、創運の必要性もない。逆に福力が弱い人は、苦しみが多く思い通りにいかない人生となる。

福力の働きは我々にとってそれほど重要なのだ。

福力の目安

福力の強さは衝動分析において欠かせない要素だが、Dスコープには反映されない。このため、まず外側から推測し、次に相手の無意識と共鳴して確認するという方法を取っている。

推測の目安となる要素は次の二つであり、いずれも普段のリーディングで把握できる。

- **先天的資質と親から与えられたものが、恵まれた状態にあること**
- **正の経過衝動が干渉したとき、現実の結果を出せること**

健康、容姿などの先天的資質と、愛情、しつけ、教育、人脈、財産、価値観などの親が与えてくれるものは、生まれながらに大きな個人差があることを認めざるを得ない。これらは持てる徳の量と福力の強さに左右されており、恵まれた状態にあるほど、福力が強いと推測できる。

また、正の経過衝動の干渉が、現実の結果に結びつくかどうかも個人差が大きい。成功衝動で入試に合格し、財産獲得衝動で投資を始めて大きな利益を得るなど、干渉のたびに結果を出せる人は、福力が強いと判断できる。

無意識と共鳴して確認するには、会員の強制衝動期を利用する。この時期は無意識活動が増大し、無意識が意識野に顔を出した状態になるため、共鳴しやすいからだ。

なお、福力の強さは人生を通して見れば一定ではない。誰でも生まれた時が一番強く、基本的に年齢を重ねるにつれて次第に低下する。低下のパターンは一人ひとり異なり、多くの人が三十代から徐々に下降する一方で、晩年までほとんど変わらない強さを保つ人もいる。

福力が強ければ下降しにくいというわけでもない。相対的に見ると、福力の強い人は高い水準で、弱い人は低い水準で推移することが多いものの、途中から極端に低下するケースもあれば、〝低空飛行〟ながら一定のレベルを維持するケースもあるのだ。

また、自ら福力の低下を助長してしまうこともある。例えば、他者に精神的、身体的な苦痛を与え続けた場合や、長期にわたって過剰な浪費、依存などを続けた場合だ。これらの行動は、徳が福力として現れることを妨げる。

意識サイドの力

我々は、以上のような衝動の干渉下で生きている。これらの衝動によってもたらされる無意識の制約が、具体的にどのような形を取るかを把握するには、意識サイドの力をつかむことも欠かせない。我々の人生は、制約が生み出したガイドラインと、意識サイドの力とのせめぎ合いの上に展開しているからだ。

私は、意識サイドの力を「**意識力**」と呼んでおり、さらに「衝動抵抗力」と「自我力」に分けている。

衝動抵抗力は、衝動エネルギーをうまく〝さばく〟力だ。衝動エネルギーを受け入れる意識の器の大きさ、衝動の影響を察知する認識力、衝動の干渉下で自律性を保つ力などの総合力で、内側の意識力と言える。衝動抵抗力が強ければ、衝動に干渉されても、認識・判断・思考といった機能をコントロールしやすく、投影作用による環境の悪化も最小限に抑えられる。

自我力とは意志力・忍耐力などのいわゆる精神力で、外側の意識力だ。これは環境を動かすべく〝頑張る〟力であり、願いを形にする力とも言えよう。納得のいく人生を具現するためには欠かせないものだ。

・衝動抵抗力：意識の器の大きさ、自律性、衝動を認識する能力など
・自我力：意志の強さ、忍耐力、集中力、ストレス耐性など

同じ性質、同じ強さの衝動が干渉しても、意識力いかんで現れる様相は異なる。端的に言えば、意識力の強い人は、負の衝動期でも環境の悪化が軽度で済み、正の衝動期には確実に成果を出せる。意識力が弱いと、負の衝動に容易に振り回され、正の衝動でチャンスが来ても活かせない。

例えば、興奮衝動に干渉されたとき、衝動抵抗力が強ければ些細なトラブルが起きる程度で終わるが、弱ければ尾を引く揉め事など重大な問題が起こりやすい。成功衝動に干渉されたとき、自我力が強い人は結果を出せるが、弱ければ、行動すべき時に行動できない。

つまり、意識力が強い人ほど、ガイドラインとのせめぎ合いを有利に進められるということだ。

4　家系の流れはこうして生まれる

家族の中で育つ意味

我々に干渉する衝動の中でも、血族衝動は個々の人生に影響するに止まらない。長期にわ

たって家族・一族全体に関わり、我々を「もう一つの家族」に組み込むのだ。本項では、その働きについて詳しく述べてみたい。

人間は親の子として生まれ、一定の年月を家族の中で育つ。それには二つの意味がある。

・個として生まれてきた魂を、社会という群れに落とし込む
・前生から持ち越したデータを、娑婆において具現させる

我々は個として輪廻しつつも、娑婆にあっては群れて生きる。「人はひとりでは生きられない」と言われるように、友人と語らい、恋人と寄り添い、家族の団欒に憩い、社会に居場所を求める。争ってもいがみ合っても、いつしか忘れたように群れ集まる。

これは転生の過程から言えば当然だ。そもそも我々は、他者と関わろうとする属性が強いがゆえに人間世界に転生してきた。その属性を形にするために、家族というつながりの中に生まれ、社会という群れで暮らす方法を身に付ける。

さらに我々は、一人ひとりが固有のデータを前生から持ち越しており、そのデータを具現させるような衝動教育と環境を親から与えられる。

血族衝動は、このような仕組みの上で働いているのである。

支配衝動群で結びついた集団

家族や一族が持つ、よく似たデータは、血族衝動を介して個々のガイドラインに類似性をもたらし、その結果、血族運命が形成される。この図式が明瞭に現れた事例をご紹介しよう。

はじめは、血族運命が家業という形を取ったケースである。

Aは祖父が始めた土木建築業の三代目だ。彼によれば、A家の男は皆、現場で体を動かす仕事が好きなのだという。実際、Aの父や祖父は、仕事中のケガなどものともせず現場に立ち続けている。

A、父、祖父には大きな共通点がある。それは、暴力衝動、バイタリティ衝動などが複合された「支配衝動群」とも言うべき出生衝動を持っていることだ。これが彼らの血族衝動として機能するのだ。

この衝動群の特性は、生命力の強さ、積極性、リーダーシップなどとして現れ、体力を要する仕事への適性になる。マイナスに働けば、ケガや事故の多さ、ケンカ早い性格、酒癖の悪さなどに現れる。彼らが土建業を経営し、ケガを負っても現場に立ち続けるのは、まさにこの衝動の働きだ。

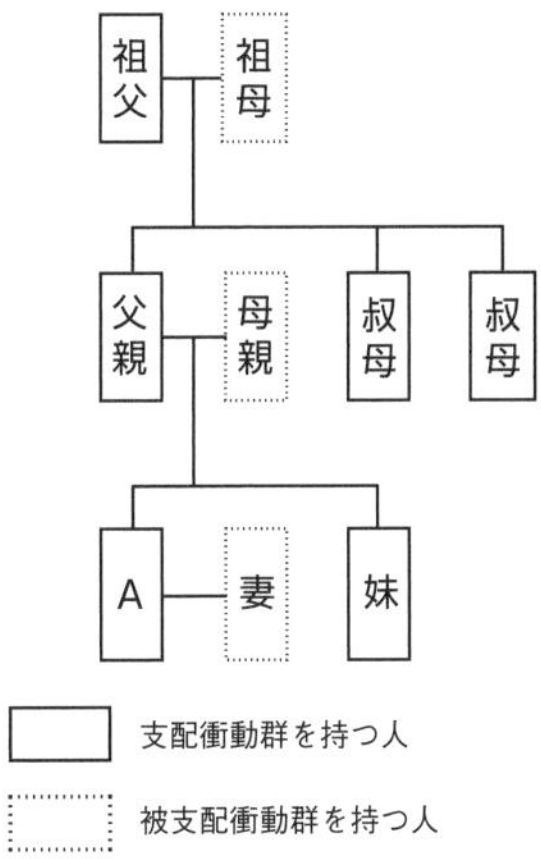

図 4-7　A家家系図

彼らは皆、自らの意志で土建業に従事したと思っているが、実際は血族衝動の見えざるタガによって〝従事させられて〟いる。

さらにAの妻、母、祖母はいずれも、支配傾向を持つ男性を受け入れ、マイナス面もうまくあしらえる「被支配衝動群」を持っており、〝土建屋の女房〟になるべくしてなったと言える。つまりA家は、「支配衝動群」を持つ男たちを中心とする男系家族なのだ。この衝動群が血族衝動として、親子三代にわたって土木建築業を選ばせ、それを支え得る女性たちと巡り会わせた。A家の血族運命は、こうして形成されたのである。

別の角度から見れば、A家には、前生からAが持ち越してきたデータを形にし得る環境が揃っていたということだ。彼のデータの中心的属性は支配性であり、肯定的なデータや徳も多い。このため彼は、支配性を社会的に解放できる家業を持つ親のもとに生まれた。親は、彼の支配性をリーダーシップや積極性として伸ばすような刷り込みを行い、A自身もそれを受け入れて、家業を継ぐという形で具現させたのだ。

女系三代

A家のように、血族衝動が安定した血族運命につながるケースは、残念ながら非常に少ない。多くの場合は、負の運命趨勢として現れ、既述のとおりに親と子、子と孫の間で反復される。次にその例を見てみよう。

大女将（母親）	配偶者解体衝動、男性拒否衝動	父親	生命力抑圧衝動、頭領衝動
	↓		↓
女将（B）	配偶者解体衝動、分離衝動	夫	感情抑圧衝動、継承者衝動
	↓		↓
娘	配偶者解体衝動、分離衝動	婚約者	感情抑圧衝動

表 4-3　B家の血族衝動

Bは旅館の女将で、後を継ぐ一人娘には婚約者がいる。彼は大手ホテルを退職して婿に入り、旅館の仕事に就いてくれるというし、人柄も申し分ない。めでたい話だが、Bにはかすかな不安があった。

実は、Bとその母親である大女将は、いずれも若くして夫を病気で亡くしている。大女将が、孫娘も同じ運命を辿るのではないかと常々心配しており、B自身も、まさかと思いつつ一笑に付すことができないのだ。

B家の女性たちとその相手の衝動を分析すると、三組の男女が同じパターンで結びついている事実が浮かんできた。共通するのは、配偶者に期待をかけすぎる妻と、それに応えようと頑張る夫、という図式である。

母娘三代が持っている「配偶者解体衝動」が、B家の血族衝動として機能している。三人はこの衝動のもとで、無自覚のまま配偶者に過剰な期待をかけて強固な枠にはめ込もうとする。配偶者となる男性も、強い「抑圧衝動群」を持っており、自分を抑えて妻たちの期待に応えることに生きがいを感じる傾向があった。

こうした図式のもと、B家では、外から入った男性が無理を重ねて生命力を削がれ、子供を残して早世するという血族運命が形成されたのだ。

配偶者解体衝動を持つ女性は、夫を枠にはめたいなどとは考えてもおらず、それどころか、かいがいしく世話を焼くタイプが多い。しかし、この衝動を別方向に解放できない限り、意図せず夫の生命力を削ぎ続けることになる。

Bの娘が夫と共に長い年月を幸せに過ごせるか否かは、彼女が自身の衝動とどう向き合うかで決まるだろう。

A家とB家の例はいずれも、家族の出生衝動のうち、血族衝動として機能するパートをわかりやすく読み取ることができ、血族運命もそのとおりに形成されている。

これほどはっきりと読み取れるケースは少なく、一般的には157ページの例や、次の例のように、広範囲にわたって複雑に現れる中から血族衝動を判断しなければならない。

・両親の出生衝動がミックスされて子供に現れる
・両親または父母どちらかの出生衝動が、分散されて複数の子供に見られる
・祖父母のいずれかと共通する出生衝動が多く見られる
・祖父母の出生衝動がミックスされて孫に現れる

血族衝動は一つの家系に一種類とは限らない。長女と父、祖母が分離系の衝動を持ち、次女、

長男と叔父が抑圧系の衝動を持つというように、一つの家系に複数の血族衝動が現れ、多様に絡み合って血族運命を形作るケースが多い。一組の親子だけを見ていてはわかりにくいが、一族全体を見渡せば、傾向が浮かび上がるのである。

誤解のないよう付け加えると、血族運命とは、一族全員の運命趨勢がすべて同じになるという意味ではない。同じ血族衝動に影響されていても、それ以外の個人衝動や、福力、意識力、世代、環境などによって、各自のガイドラインは異なる。あくまで似たトーンを帯びるということだ。

不運の再生産と家運の衰退

血族衝動が負の運命趨勢として現れ、反復されるということは、血族衝動の負の側面が濃縮されて下の世代に伝わると言ってもよい。こういう家では、子供は親以上にガイドラインとのせめぎ合いに弱くなる。

せめぎ合いに弱いと、万事につけ、いわゆる〝運が悪い〟状態が続く。例えば「受験」の場合、家庭環境、経済状態のみならず、友人、指導者、学習環境など、諸々の要因がことごとく希望する進路から遠ざける方向に働く。たとえ物事がうまく運び始めても、試験当日のアクシデントなど、予期せぬ問題が起きて行き詰る。このような子供は、あらゆる場面で見えないハンデを背負うことになり、彼らが親になったときには、自分以上にせめぎ合いに弱い子供を育てしまうのだ。

もしも、子供の衝動趨勢のマイナス面を肯定的に解放し、プラス面を最大限に生かせるような道筋をつけてやれれば、せめぎ合いにおける強力な武器になる。しかし現実には、それどころではなく、親自身が負の血族衝動の影響から抜け出せないまま子育てをする。かくして大多数の家で、子供は親よりも運が悪くなり、負の運命趨勢が反復されるのである。

その結果、世代を経るごとに家系全体に運の悪い人が増えて、家運が加速度的に落ちていく。こういう現象を私は「不運の再生産」と呼んでいる。

以上のような仕組みはともかく、「不運の再生産」的な現象に気付いている人は多いのではないか。一例が、フランスの社会学者P・ブルデュー（1930～2002）の言う「文化資本」という切り口だ。

文化資本とは文化的素養、学歴、芸術品といった金銭以外の個人的資本を指し、経済資本や社会資本と相互に転換し得るとされる。

親の文化資本は子供へと再生産される。親が有する文化資本に応じて子供の環境や経験が大きく異なり、端的に言えば学歴や社会的階層が親と同等になるのだ。親自身の文化的資本が貧弱なら、子供にも親と同等かそれ以下のものしか身に付かない。この現象は、不運が再生産される様子を外側から見たものと言えるだろう。

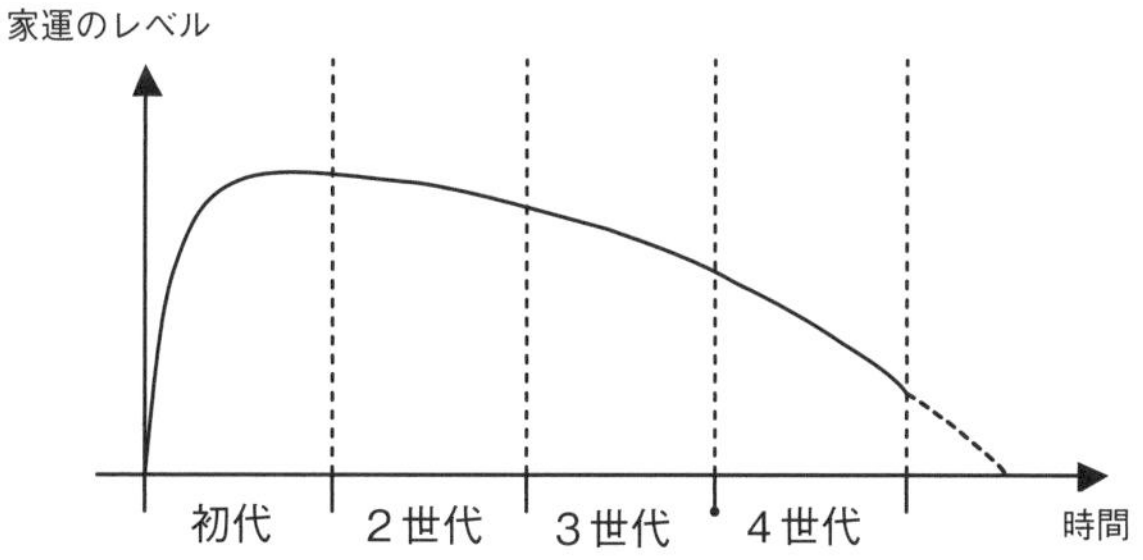

図 4-8　家運のレベル

家運の盛衰サイクル

負の運命趨勢が反復される家系では、家運の衰え方も、大半が似通った経過を辿る。図４-８のようなラインを描いて、およそ四世代で崩壊に至るのである。

親よりも福力の弱い子供が生まれることから、家運の衰えが始まる。我々を苦しみから遠ざける力である福力が弱いということは、生きる環境は不安定で厳しいものになる。そういう子供が一族の中に増えると、必然的に家運も低下に向かうのだ。

次の段階では、万事につけ結果を出せない人が一族の中に何人も現れる。途中で自ら投げ出してしまうタイプもいれば、意志や才能があるのに偶発的な邪魔が入ってしまうタイプもいるが、いずれにしても結果を出せないことに変わりはない。

家単位の特徴としては、ぬるま湯の環境に甘んじる、卑屈になりやすい、経済的余裕がないなどの点があげられる。こういう家庭で育つ子供は、あらゆる面で〝貧しい〟ものしか身に付けられない。それは礼儀作法や生活習慣に止まらず、世界観や考え方にまで及ぶ。長じても生きる力が乏しく、世の中の動きに翻弄されやすくなる。

その次の段階では血族同士の争いが起きる。福力の弱さから、血族間の利害が相克し、憎しみや遺恨となって争いを生むのである。

小競り合いから「骨肉の争い」まで、いかなる規模であれ、攻撃し合うことで双方の福力の低下は一気に進む。資産や権力を巡る争いが起きている家は、すでに繁栄を維持できなくなっていると考えた方がいい。

最終段階では、福力があまりにも弱まって、生存基盤衝動や幸福基盤衝動として機能しない人が増える。彼らは日々をやり過ごすのが精いっぱいで、生きることに喜びを感じられない。そして、自分を軽蔑し、卑しめ、生まれたことすら否定するようになってしまう。

また、結婚しない、家庭生活を自ら破綻させるなど、家族というユニットを維持できない人が増え、木の葉のように社会を流浪する人も現れる。

親より福力の弱い子供が生まれる
↓
結果を出せない人が増える
↓
血族同士の争いが起きる

←福力が極端に弱い人が現れる

以上のような段階を経て家運は衰える。どこかの段階を飛ばして一気に衰退する場合、じりじり悪化する場合、天災などで急に最終段階へ至る場合など、家ごとに差異はあれど、いったんこの流れに入ると途中で盛り返すケースはまれで、ほとんどは崩壊に向かう。世代を経るごとに「血」は脆くなると言えよう。

ここにあげたのは基本的な様相であり、衰退の兆しは他にも様々な形で現れる。リーディング経験上、家系全体もしくは家系の複数のメンバーに次のような傾向が見られる場合は、確実に衰退の流れに入っている。現代の日本で、このリストと無縁な人は果たしてどれだけいるだろうか。

【家系全体の傾向】

・精神的支柱になる年長の知恵者（長老）がいない
・偏見が強く、柔軟な変化を許容しない
・他者や社会に対する不信、嫉妬、怒りが渦巻いている
・親子間に共依存の関係が見られる

・心身に不調を持つ子供や、コミュニケーション力の低い子供が複数いる

【個人の傾向】

・礼儀作法、約束を守るなど、基本的な「型」が教育されていない
・現実から目を背けて〝楽しく〟生きている
・親を否定することで親を超えたと思い込む
・長い時間枠で人生を考えられない
・情報にすぐ反応し、流行に左右される

崩壊に向かう家系でも、全員が自らを卑しめるようになるわけではない。ごく少数だが、そういう家に生まれたからこそ、流浪の画家、出家の僧侶など、新たな道を極める人もいる。

また、福力強き子供が生まれ、ひこばえのように新しい家系が芽生えることもある。こういう子供は、親と似たトーンのデータを持ちつつ、家族の生き方や価値観とは全く相容れないデータも色濃く持っている。あるいは、新しい世界に飛び込もうとする趨勢が強いために、衰退の極みに近い家に生まれるのかもしれない。

強い福力は、貧しさや苦しみを生きる力に変える。幼少期の苦難もストレス耐性や度胸などのプラスの要素に転化されていく。そこに経験や後ろ盾などが備われば、次第に社会で頭角を

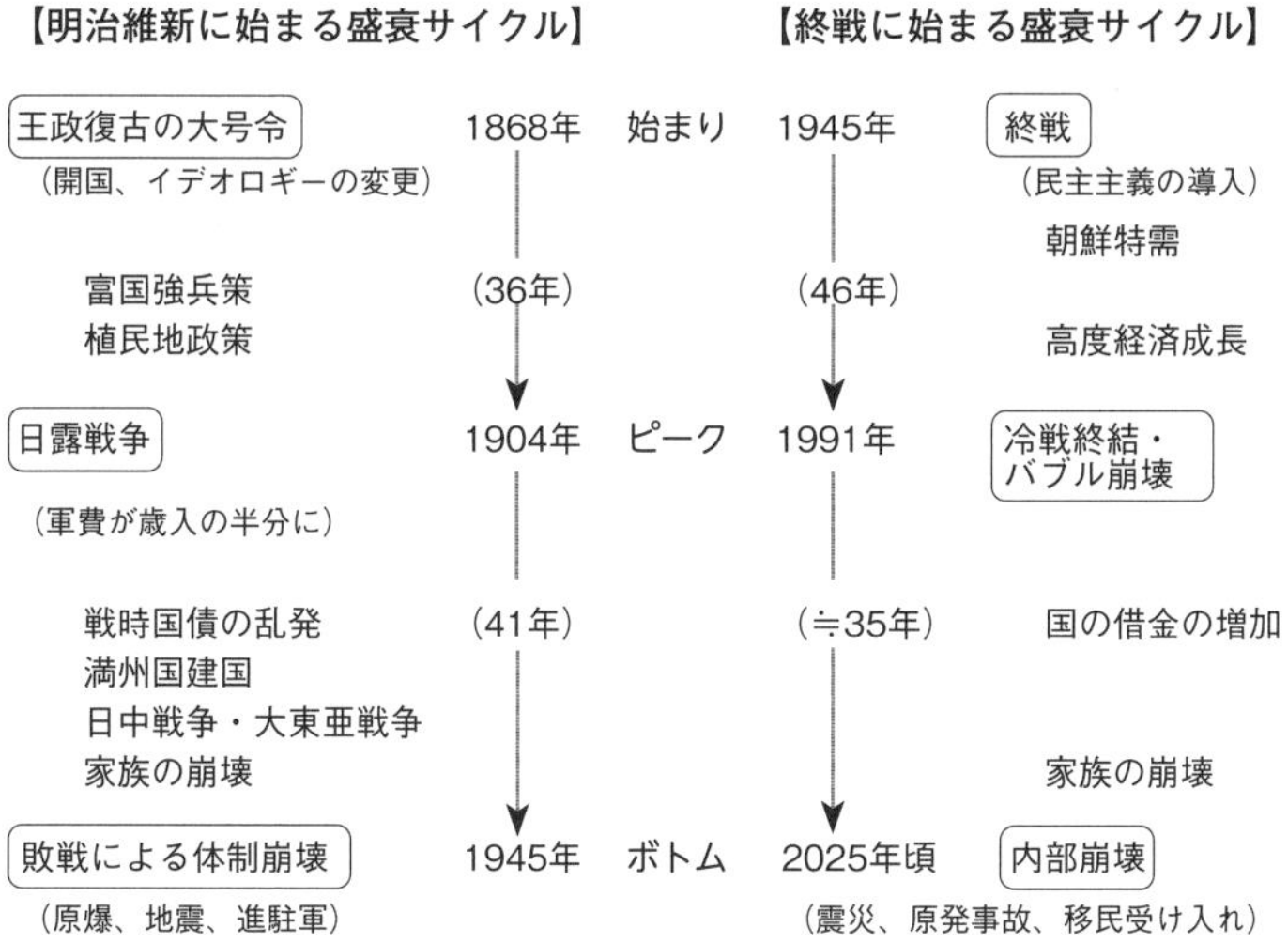

図 4-9

現すことになる。「中興の祖」と言われる人や、貧しい家から生まれた偉人や英雄も、そんな子供の一人だった。

しかし、希望に満ちて始まった新しい家系も、福力の弱い子供が生まれると衰退が始まる。そして先に述べたプロセスで、四世代目には崩壊に至るのだ。

こうして多くの家系の隆盛と衰退は、四世代、およそ八〇年周期で波形を描くように繰り返される。その様を私は**「家運の盛衰サイクル」**と呼んでいる。

国力と家運の盛衰サイクル

実は日本には、家運のサイクルと連動してもう一つのサイクルが存在する。それが**「国力の盛衰サイクル」**だ。

日本の国力は、少なくとも明治以降、家

運のサイクルと重なるように、およそ八十年周期で興隆と衰退を繰り返している（図4-9参照）。

「国家」という言葉があるように、日本は他の国々に比べて、国と家族とのつながりが強い。二つのサイクルが連動するのは、そのためだろう。

明治維新の前後、多くの家が崩壊する一方で、多くの家が新たに興った。その勢いとともに国も発展し、日露戦争前には列強に肩を並べるまでになるが、以降の国力は低下の一途を辿る。戦費の拡大から次第に経済的な苦境に追い込まれ、日中戦争の泥沼を経て敗戦という破綻を経験する。

敗戦前後からアメリカ指導下での再出発の時期にかけて、再び多くの家系が崩壊し、新たな家系が生まれた。ほどなく高度成長期を迎えるが、バブル期をピークに国力は下降に転じ、現在までずるずると低下し続けている。

すでに終戦から七十五年以上を経て、戦後に生まれた家系の多くは四世代目に入っており、崩壊が進んだ家系も目立つようになった。つまり家運と国力という二つのサイクルは、いずれもボトムに近づいていると考えられ、それを示唆する事象は枚挙に暇がない。

象徴的なものとして「少子化」があげられる。この現象は世界的なものだが、日本の場合は、単なる人口問題ではなく、家系が崩壊するプロセスの一つと考えなければならない。

いわゆる「毒親」の増加はその一端だ。毒親とは、虐待、育児放棄、過干渉などの形で、子供を害する親を指す。毒親の子供が味わう苦痛は長く人生を蝕み、安定した家族を作れなくしてしまう。そういう中で、「親孝行」という概念も見直されることになるだろう。

他にも、DV、老々介護といった家族をめぐる問題の深刻化や、貧困、格差社会の固定化など、様々な形で今までの日本が壊れ始めていることは、読者諸氏も感じているのではないか。

日本人は、個のアイデンティティを血のつながりで補うことが多いが、家系の崩壊はそれを妨げる。その結果、精神的な拠り所を持てない人、生きる力の弱い人が増え、更なる国力の低下へと結びついていく。家運が尽きるとき、国力も底を打つのだ。

このように、血族衝動の干渉によって作られた血族運命は、家運のサイクルから国家のサイクルへとつながっていく。無意識の法則は、個人や家系に止まらず国の動きにも及んでいるのである。

輪廻のすそ野

本章で述べたことが、今の私に見えている生と死のありさまだ。

我々は、殻をまとって生きる陽の世界から、魂として存在する中陰へ、中陰から再び陽の世界へと、内側の力に誘われて流転している。その輪廻の流れと、家系の流れとが交わった処で、娑婆に生を享けたのだ。

娑婆においては、日々の苦楽、人間関係、人生の変動のみならず、家系の栄枯盛衰、社会や国家まで、我々の営みすべてが無意識の法則のもとにある。そして無意識の法則は、生と死のしくみの上に成り立つ。

もう一度言おう。我々は輪廻のすそ野で生きているのだ。

コラム2　幽霊になる理由

死に際して、イメージ層や浅い無意識層のデータがすんなり消えず、なかなか中陰に入れない場合に、いわゆる幽霊になる。これは、次のような条件が備わっている人に起こりやすい。

・イメージ層に多量のデータを有していた
・娑婆に強い執着を持って死んだ
・死を自覚できなかった
・臨終の際に強い情動を刻み込まれた

三つ目までは、おわかりいただけると思う。では最後の条件はどういう意味だろうか。

怒り、恐怖、恨み、悲しみなど「極めて強い負の情動」を持ったまま臨終を迎えると、情動はデータとして無意識に刻み込まれる。我々が死に際して肉体から抜け出す時も、このデータは残り、死後にそこから勢いが生じる。これを私は「余勢」と呼んでいる。余勢をコントロールする意識機能はすでに失われているため、我々はただ動かされるだけだ。

勢いが強く、かつ娑婆と結びついている場合は、娑婆に留まったままで、余勢に基づく動きを繰り返すことになる。

例えば、臨終の瞬間に「チクショウ！　あの野郎、絶対に許さねえ！」という強い情動を持っていたなら、彼はその余勢により、情動の権化となって娑婆を彷徨うのである。

もっとも、永遠に彷徨い続けるわけではなく、余勢が弱まれば中陰に入っていく。それまでどれだけ時がかかるのかは、私にもわからない。数日かもしれないし、何十年なのかもしれない。

心静かに臨終を迎える重要性は、宗教でよく説かれるが、これがそのメカニズムではないだろうか。

第五章　それでも人生は変えられる

第四章では、生と死のしくみの中核部分を俯瞰的に述べた。本章では、一人ひとりの人生へと目を向け、我々の生きるありさまが、しくみの枠から一歩も出ていない現実を描き出そうと思う。

それらの多くは、創運を指導する中で見えてきたものだ。そこで後半では、創運の具体的な手法と併せてお話しししたい。

1　生涯まとい付く〝自由〟という幻想

肥大した万能感

私は第四章で、「誰もが、自身が思うよりもはるかに厳しい状況で〝生かされて〟いる」と述べたが、それは抗いようのない事実である。苦労続きの人生を送る人も、すべてに恵まれた人も、等しく無意識の制約を受けており、自由に生きてなどいないのだ。

意識が無意識に制約されやすいのは、成立過程から見れば当然だ。我々は、意識と無意識の境目がはっきりしない未分化なココロを持って生まれる。そして、無意識に干渉されながら意識機能が形成されていく。

こうした過程を踏まえると、「無意識は意識の下部形態」と考えるよりも、「意識は無意識の派生形態」と考える方が、はるかに当を得ている。つまり我々人間は、無意識ありきで始まる生き物なのだ。成長と共に様々な経験を積んでも無意識の制約から離れることはできず、人生を左右する選択から興味の対象まで、すべてが制約のもとで決定される。

例えば、生きることに自ら終止符を打つ自殺という行為は、究極の自由のようにも思えるが、実際のところ、〝自分で〟死を選んでいるとは言い難い。確かに最期の一歩を踏み出すのは、自分の意志かもしれない。しかし、そこに至るまでの要因は、絶望、貧困、病苦などの直接的なものから、心ない言葉、環境の変化といった副次的なものまで、すべてが衝動によってもたらされている。言わば、意識と無意識は切れない紐でつながっており、意識が主体的に動けるのは、紐の長さの分だけなのだ。

ところが奇妙なことに我々は、自分（意識）が、判断、選択、思考、行動を支配する〝主《あるじ》〟だと信じて疑わない。データどころか、そのはるか手前の無意識層やイメージ層でさえ認識できず、認識するための努力もしていないのに、自分のことは自分が一番よくわかっているという根拠のない自信だけは揺るがない。また、紐の届くエリアから出ようとしたときに引き戻されることに気付けず、エリア内で行われる意識活動がすべてと思い込んでいる。

そして死ぬまで、自分が自由に考え行動しているという錯覚を持ち続ける。まるで「自由」という名の牢獄で、塀の存在を知らないまま生涯を過ごす囚われ人のようだ。あるいは、娑婆を渡る護符として、自由という幻想が必要なのかもしれない。

この肥大した万能感とも言える錯覚の根本にあるのが、第三章で触れた「封印作用」だ。

我々の意識活動は無意識の制約を受けており、かつ無意識を認識しようとする働き自体も制約されている。つまり、二重の制約を受けているのだ。

- **認識・判断・選択などの意識活動が無意識の制約を受けている**
- **意識が無意識を認識しようとする働きに制約がかかっている**

封印のもとにあるがゆえに、我々は、衝動という力によって現在の環境に置かれていることを認識できず、ガイドラインとのせめぎ合いでも優位に立てない。問題が生じても、真の原因がわからないのだから解決できないのは当然だ。

平穏な生活を求めながらも揉め事が絶えず、才能を活かす場が得られず、添い遂げようとした相手との離別を余儀なくされる。自らを苦しめる人間関係を選んで時間を浪費し、あまつさえ、我が子に対しても苦しみをもたらすような刷り込みを行なってしまうのである。

以上の実態に照らせば、成人式や卒業式の祝辞の定番となっている「若者には無限の可能性がある」などという言葉も、幻想に過ぎないことがわかる。述べる側は無邪気に信じているのかもしれないが、その実、罪作りな理想論と言わざるを得ない。若者に限らず、無限の可能性を持つ者などどこにもおらず、未来は自身の衝動趨勢からつかみ取るしかないのだ。

2　あなたはこのように生きている

「衝動疾患」という病

既述のように、無意識からの制約は足枷とも支援ともなる。しかし実際には、足枷になる場合が圧倒的に多く、そういう制約に足を取られると、我々の心や環境は、いとも簡単に不本意な状況に陥ってしまう。

その様は、あたかも病に蝕まれるようであるため、私は「衝動疾患」と呼んでいる。本項では、衝動疾患を切り口として、無意識の制約のもとにある人生の現実を浮き彫りにしたい。

衝動疾患は、思いがけないトラブル、病気やケガ、人間関係の軋轢などの形で突如として現れる場合もあれば、重いしがらみ、抜け出せないとらわれ、社会と相容れない性癖などの形で不定愁訴のようににじみ出る場合もある。いずれにせよ、娑婆の苦しみはすべて、衝動疾患の現れと言っても過言ではない。

衝動疾患が突如として現れたときの我々の反応は、実際の病気、それも深刻な病に対するものとよく似ている。誰でも病気になる可能性はあるが、多くの人はなんとなく「自分は大丈夫だろう」と思い込む。だから、病気が突然発覚したときに、驚きと不安の中で治療を始めることになる。それと同じで、我々は衝動疾患が表面化したときに、にわかに慌てふためく。クライアントが初めて私に依頼してくるのもこのタイミングだ。


また、衝動疾患は同じような形で何度でも現れる。

多くのクライアントは、私の指導のもと、トラブルや苦しみから抜け出さんともがくうちに、衝動と現実との関係を少しずつ理解し始める。ところが問題が収束すると、「喉元過ぎれば熱さを忘れる」の言葉どおり、衝動の干渉によって苦しんだことなどすっかり忘れてしまう。たとえ本人が忘れていようと病巣は残っているため、やがて再び同種の問題として現れるのだ。

そういう事例は、次のようなケースを代表として枚挙に暇がない。

・接触拒否衝動を持つ女性が、ＤＶ気質や浮気癖などを持つ男性ばかり選んでしまう
・投資家が、強制衝動期のたびに、それまでの利益を上回る損失を出す
・親を否定して家を飛び出した人が、親と似た衝動趨勢を持つ異性を好きになる

・強い混乱系の出生衝動を持つ人が、定期的に鬱状態に陥る
・強い分離衝動を持つ人が、何度転職しても数年で会社を辞めてしまう

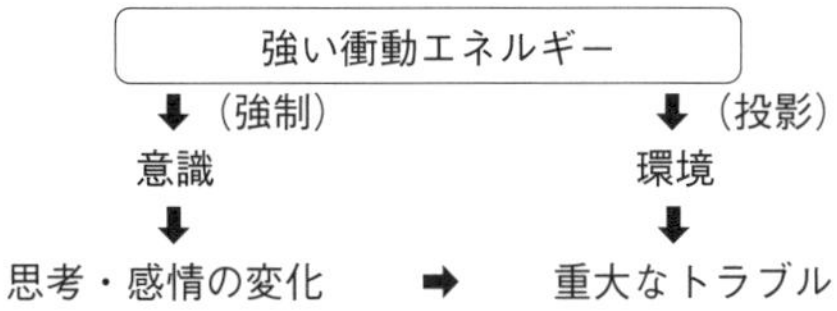

図5-1

衝動疾患の現れ

では、衝動疾患の具体的な例を見てみよう。
まず、突如として現れる例では、「強制衝動」の干渉によるトラブルが代表的だ。強制衝動は第四章で述べたとおり、無意識活動の増大に伴って生じる強圧的な衝動エネルギーで、経過衝動の中でも特に影響力が強い。その強制作用によって思考や感情が混乱し、自ら問題を引き起こしたり、投影作用によってアクシデントに巻き込まれたりする。

多くの場合、思いもよらぬ事態が出来し、本人は〝降って湧いたような〟トラブルと感じる。しかし実際はそうではない。我々の無意識層には、持って生まれた苦しみのデータや、積み重ねた行動・言葉・思考パターンの偏りなど、「トラブルの素」とも言うべきデータが存在しており、そこから生じる強制衝動がトラブルをもたらしているのだ。

これらのデータはすべての人が持っており、生きている限りなくすことはできない。このため、強制衝動期のトラブルには誰もが無縁ではい

られない。
トラブルの現れ方は実に様々だが、典型的な事例をいくつかあげてみたい。

・専業主婦Cの複合強制衝動期に、夫が先物取引で大きな損失を出した。マイホーム用の貯蓄をすべて失っても取引を続けようとする夫に愛想が尽きて離婚を決めた。

・会社員Dは、「分離」の性質を持つ強制衝動期に、長期海外出張を打診されたが、家庭の事情で断った。代理として若手社員が出張したものの現地の取引をまとめられず、結局、Dは責任を取らされる形で地方の子会社に出向になった。

・Eは、父親からのDVがきっかけでパニック障害を発症した。両親が離婚してEは母親と暮らしているが、時々症状が強まり心療内科にかかることがある。発症した時や受診した時期を振り返ると、すべてEの強制衝動期に該当していた。

家族のうち複数の人に対して、強制衝動が同時期に干渉することもある。その場合は、個人のトラブルに止まらず、家族全体に影響する問題が起きる。

・Fと夫の両方が強制衝動に干渉されていた時、夫の不倫が発覚した。不倫が解消されても、いったん生じた溝は埋まらず、強制衝動期の終盤に離婚することになった。

・Gの一家では、親子三人がほぼ同時に強制衝動期に入った時、父親にガンが見つかり、自営の仕事を休むことになった。三人はそれぞれ、「解体」や「分離」の性質を持つ強制衝動に干渉されていた。

強制衝動期には、時として「もらい事故」のようなトラブルが起きることがある。それも実は、自身の衝動の投影作用によるものだ。

・銀行員Hが強制衝動に干渉されていた時、部下の融資した相手が反社会勢力の関連会社だったことが判明した。当時の法律には触れていなかったものの、Hは管理責任を問われ、異動という名目で左遷された。

・看護師Iの強制衝動期に、担当していた高齢の入院患者が行方不明になった。幸い数時間で無事に見つかったが、認知症が急激に進んでいたことを見逃したとして、Iが責任を追及されることになった。

複数の強制衝動に連続して干渉されると、様々な問題が続出する。この期間をなんとか乗り切れても、蓄積したストレスが後に心身の不調として現れることが多い。

・会員のJは、ほぼ八年間連続して強制衝動に干渉された。その間に起きた、親の病気、自身の手術、転職等は、ほぼ私が予測した範囲に収まり、生活が壊れることなく強制衝動期を乗り切れた。しかし、衝動期が終わって緊張が緩んだ頃、Jには更年期障害の症状が一気に現れた。

法人衝動との連動

強制衝動期には、個人の衝動の干渉で本人や近親者に変動が起きるだけでなく、社長の強制衝動によって事業のトラブルが起きたり、会社の強制衝動に社長が影響されたりする場合がある。

・中古車販売業を営んでいたKは、強制衝動期に数千万円を投じて社屋を新築した。完成した頃から業績が落ち始めて、わずか二年後には経営が立ち行かなくなり、結局、建物はディーラーに安価で譲渡されることになった。

・美容室を経営するLには、片腕とも言えるスタッフがいた。いずれは支店をまかせることを考えていたが、Lの強制衝動期にそのスタッフが競合店に引き抜かれ、多くの顧客も一緒に移ってしまった。

・健康関連のサロンを多数経営していたMは、「生命力」に関わる強制衝動期に医師法違反の疑いで逮捕された。不起訴処分となったが、イメージダウンによって顧客が離れ、「経済」に関わる強制衝動期に本店以外のすべてのサロンを閉鎖した。

・内装業を手広く営んでいたNは、強制衝動期に、公共工事の入札に絡んだ贈賄容疑で逮捕された。執行猶予はついたものの、会社は自治体の指名を取り消され、事業を大幅に縮小せざるを得なくなった。同時に処分された役所の担当者も強制衝動期だったことが、後にわかった。

・Oが経営する会社の強制衝動期に、経理社員の横領が発覚した。横領はO自身の強制衝動期に始まっており、発覚するまでの数年間に何度も大きな金額が動かされていた。被害総額は一億を上回った。

以上のように、強制衝動期には衝動疾患が様々な形で現れ、大きな変動をもたらす。人生を振り返って、「あの時がそうだったのか」と思い当たる読者の方も多いのではないだろうか。

異性を拒む「接触拒否衝動」

次に、衝動疾患がにじみ出る例として、「接触拒否衝動」を取り上げてみたい。

接触拒否衝動は、日本人の数パーセントが持つ出生衝動だ。冷たさや鬱屈された怒りといった属性の深部データから生じて、温かく安定した人間関係を阻害し、苦しみをもたらす。非常に厄介な衝動の一つと言えよう。

この衝動が極端に強ければ、人とのつながりを欲する気持ちそのものが湧かない。あるいは、誰に対しても付かず離れずの距離を保とうとする。

しかしそれほど強くない場合は、人を寄せ付けない〝トゲ〟を纏ったままで温かな人間関係を求める。結果として、幸せな恋愛や結婚を望みながらも次のような状態に陥り、悩みを抱えて私のもとへ来る女性が、開業当初から一定数存在するのだ。

・出会いがあっても恋愛に至らず、恋愛が始まっても長続きしない
・男性と親しくなると恐怖や嫌悪が出てくる
・男性と縁のない環境にしか身を置けない
・不倫体質やＤＶ気質など、問題のある男性に惹かれる
・結婚しても温かい家庭を作れない

こうした状況がすんなり改善するケースはまれだ。

彼女たちは、何らかの具体的な原因を解消すればうまくいくと考え、自分なりに頑張っている。私への相談もその一環だ。しかし私が、本当の原因は自分の内側にあると話しても、頑なに認めようとしない。

実は「認めたくない」という気持ち自体が接触拒否衝動の現れだが、そんな説明を素直に受け入れる人はごく少数だ。反発して怒り出す人もいるし、そうでなくとも、「相性がいい男性のタイプ」「恋愛運が強まる時期」などの知りたい情報だけ聞くと、連絡が途切れる。

私の話に納得して創運を始める人もいるが、結果が出るまで続くことは少ない。ほとんどが途中で諦めるか、問題のある男性との出会いに「今度こそ大丈夫」と思い込んでしまう。

そのうちの何割かは、同じパターンの失敗を繰り返した後に、再び依頼してくる。恋愛できない、長続きしない、婚活が進まない、短期間で離婚したなど、私に言われたとおりの経験をして、ようやく接触拒否衝動という力の存在が実感として迫ってくるのだ。

しかし創運を再開するにせよ、失われた数年の間に、結婚に向けたポテンシャルは確実に低下しているのである。

表面しか見えない〈グループ表《おもて》〉

自分の能力に自信を持ち、実際に成果を上げてきた人でも、衝動疾患と無縁ではいられない。その好例が、経営や投資の参考として、社会情勢の予測だけを知りたがるクライアントだ。

当たり前だが、彼らにとってカネはとても重要だ。しかし、そのカネが衝動と深く関係していることがわからない。このため、無意識や衝動の話は右から左へ聞き流す。予測を知りさえすれば利用できると思っているのだ。

これは浅知恵という他はない。彼らも衝動の影響を受けている以上、予測を知って綿密に計画を練ったところで、意図したように物事は進まない。

彼らは、強い衝動に干渉されると、胡散臭い儲け話に乗るなど、普段ではあり得ないような判断ミスをやらかしてしまう。そればかりか、自身の健康問題や家族のトラブルなどが起きて、投資どころではなくなることもある。衝動期のたびにこれを繰り返していれば、やがて挽回する余力もなくなり、そのうちに致命的な損失を出して退場を余儀なくされる。

仮に、予測に基づいて大きな利益を得たとしても、今度は「運の器」による問題が生じる。詳しくは後で述べるが、我々が「幸せや楽を享受できる量」は、個々にある程度決まっており、急に増えることはない。器を超えた利益は享受できず、何ものかを失うことになるのだ。

以上の例のように我々は、人生の中で繰り返し衝動疾患の苦しみを味わう。そしてほとんどの方は、同じような苦しみを何度味わっても、その背後に衝動という真の原因が存在することに気付けない。

私はこういう人たちを、**物事の表面に現れた部分しか見えない**という意味で、「**グループ表《おもて》**」（以下〈G表〉）と呼んでいる。私のクライアントでは九十五パーセント以上が〈G表〉に該当しており、日本人全体でも同様だろう。

彼らの中には「裏を読める」と自称する人もいるが、その「裏」は、あくまで具現している事象から推測できるものに過ぎない。本書で描くような、無意識世界も含めた領域は全く認識できないのだ。

封印が強い〈グループ表〉

〈G表〉を詳しく見れば、我々が無意識からの制約に翻弄されるありさまがよくわかる。

彼らの主な特徴としては、次の五つがあげられる。

- 封印が強い
- ココロのちぎれが強い
- 無意識と適度な距離を保てない
- 情報に依存する
- 衝動抵抗力が弱い

最大の特徴は、封印が強いことだ。他の特徴もそこから派生すると考えられる。

封印のもとでは、認識、判断、選択などの意識活動が無意識の制約を受け、併せて意識が無意識を認識しようとする働きにも制約がかかる。封印が弱ければ、自分の意識活動が無意識から制約されていることをなんとなく感じ取れるが、〈G表〉は全くわからない。

彼らは、日常的な好みやクセから人生を動かす決断まで、万事において衝動の干渉を受けやすい。その一方で、後押しとなるような衝動が干渉したときには、自然にその力に乗るということができない。しかも彼らは、五感で認識できるものだけで世界が成り立つと錯覚している。

この封印の強さゆえに、自身の置かれた状況を変える力も弱くなるのだ。

ココロがちぎれた〈グループ表〉

次の特徴は、「ココロのちぎれ」が強いことだ。我々の意識層と無意識層との間には、両者の中間的な性質を持つイメージ層が存在しており、二つの層を結びつける働きをしている。この働きが弱まった状態を、私は「ココロのちぎれ」と呼んでいる。

「ココロのちぎれ」は、封印作用と密接に関連している。封印がちぎれを引き起こすのか、ちぎれが封印を増悪させるのか明確には判断しがたい。同じ事象を異なる方向から見ている可能性もあるが、ここでは個別の事象として述べる。

「ココロがちぎれれば無意識から干渉されず、むしろ好都合では?」と考える方もいるかもしれないが、残念ながらそうはいかない。

イメージ層には二つの役割がある。一つは意識層と無意識層との間にエネルギーを通すパイプ、もう一つはエネルギーの伝わり方をマイルドにする緩衝帯だ。両方がうまく機能すれば、意識と無意識が〝ほどよく〟結ばれる。ほどよいとは、意識と無意識とのつながりが緩やかで、

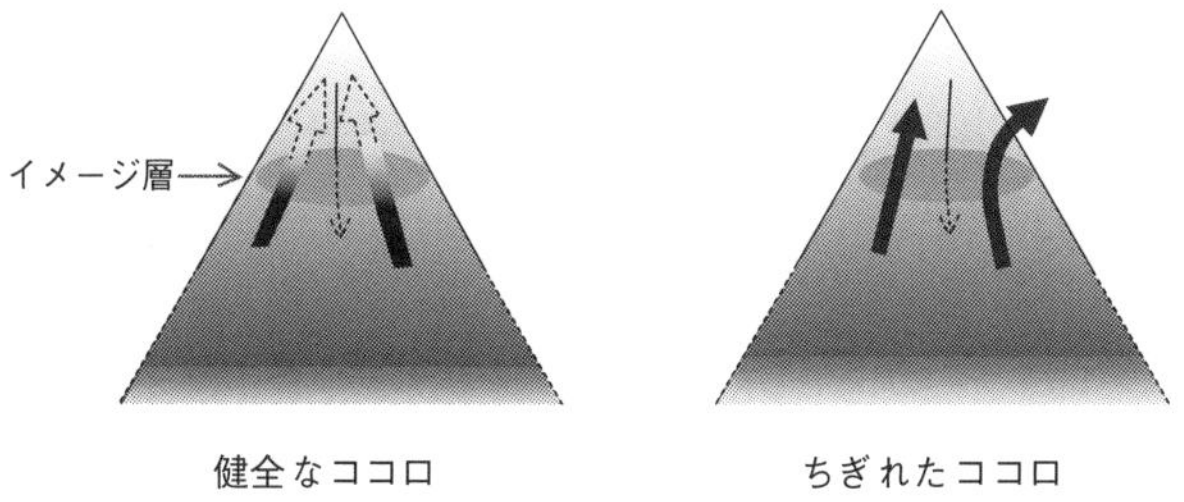

図 5-2　ココロのちぎれ

理性と霊性とがバランスよく働く状態だ。

しかし、イメージ層の働きが弱いと、結びつきが不安定になり数々の不具合が現れる。例えば、衝動エネルギーが意識に届かず、ほとんどが投影作用として働いて、環境が衝動の性質に沿って常に変動する。強制作用が緩衝なしに働き、唐突かつ強烈な心の変化が頻繁に起こるケースもある。

また、ココロがちぎれた人は、言葉にならないものをそのまま理解することが難しく、万事につけ頭で考えて納得するという迂遠なプロセスを必要とする。このため、目に見えない力や存在をすんなり受け入れられず、神仏に額づく、自然の恵みに感謝するといった行為にも抵抗感を抱く。

日常生活でも、ココロのちぎれは様々な形で現れる。特に感情面において、起伏が激しくなったり、他人に共感する力が弱くなったりする。いわゆるサイコパス的な傾向を示すこともある。他にも、言外の意味を読み取れない、想像と現実を混同する、グレーゾーンが狭すぎる、などの例があげられる。

そもそも、意識は無意識の派生形態であるがゆえに、ココロがちぎれると意識は拠り所を失い、生きる力まで弱くなる。矛盾に聞こえるかもしれないが、意識と無意識との関係は、理屈だけでは割り切れないのだ。

現代の環境では、ココロがちぎれた人が増えるのも当然だ。我々は情報の洪水の中で生活せざるを得ず、イメージ層はその処理に追われるうちに働きが弱まってしまう。特に、幼少期にネットやテレビで大量の情報に接した人ほどココロがちぎれやすく、彼らには、先にあげた諸々の問題が、一〇代のうちから現れる。ネットゲーム依存症などは代表的な例だ。

ちなみに、イメージ層の処理能力には、かなりの個人差がある。処理に追われてココロがちぎれてしまう人が多い中、少数ながら、処理スピードや精度が高く、取り入れる情報量が増えてもイメージ層が正常に機能する人もいる。彼らは、ココロのちぎれによる問題が少ないため、処理能力が低い人よりも、社会的な繁栄や家系の安定が続く可能性が高い。

恐ろしいことだが、今後ＩＴの発達などでますます情報量が増え続ける中、イメージ層の処理能力が低い人間は淘汰されていくのではないだろうか。

無意識との間合いを取れない〈グループ表〉

三番目の特徴としては、無意識と適度な距離を保てないことがあげられる。この特徴も封印作用からの派生であり、先に述べた「ココロのちぎれ」とも関係している。

無意識を認識できない我々が、無意識に対して意図的に間合いを取れないのは当然だが、封印が強ければ、無自覚に行われる反応もバランスに欠ける。

〈G表〉は、無意識を強大で絶対的なものとして恐れる。その姿勢は、次のように両極端な反応のいずれかとして現れ、どちらにせよ健全な関係とは程遠い。

・無意識に依存し、取り込まれる
・無意識を拒否し、意識の力を過大評価する

前者なら、無意識に依存して自己を丸投げし、後者なら逆に、無意識を拒否して意識ですべてをコントロールできると思い込む。

この極端さは社会のあり方にも反映される。戦前・戦中の日本は、国家神道を国の柱に据え、個の利益を軽んじていたが、戦後は、アメリカから輸入された個人主義へとあっさり鞍替えした。一見、正反対の風潮に転換したようだが、実は、無意識に対して適度な距離が取れないという点では何も変わっていないのだ。

ちなみに意識と無意識の距離感は世界共通のテーマであるらしく、多くの寓話や童話、伝説の中に登場する。例えば『美女と野獣』では、距離感が変化するプロセスが、主人公のベルと野獣との関係を通してシンボリックに描かれている。ベル（意識）は、はじめは野獣（無意識）を恐ろしいと感じるが、やがて彼の苦しみや優しさを等身大で理解する。その変化に呼応するように、野獣も王子に変容するのだ。

情報に依存する〈グループ表〉

四番目の特徴は、情報に依存する傾向が強いことだ。

彼らは無意識という自身の基盤を認識できない。このため、荒波渦巻く社会の中で、いつも漠然とした不安を抱えており、それを埋め合わせるように知識や情報を取り入れる。とりわけ、短時間でわかった気になれる〝上澄み〟を好む。

そんな毒にも薬にもならない情報で不安が消えるはずもないが、彼らが理解できるのはそれだけなのだから、しがみつく他はない。特にスマホの登場以来、彼らは自ら望んで情報に飼い慣らされることで、現実世界に縛り付けられていくように見える。

特徴の最後にあげられるのは、衝動抵抗力の弱さである。衝動抵抗力が弱いと、衝動エネルギーに干渉されたときに意識が自律性を保てず、簡単に振り回される。負の衝動期には必ずアクシデントが起きて環境が悪化し、そのたびに人生全般の質が低下していく。

以上のような特徴の集成が〈G表〉の人生だ。

彼らは、無意識に制約されていることに気付かないまま齢を重ねる。たとえ人生が充実していようと、それは安定的なガイドラインに乗っているというだけで、制約されていることは変わらない。極論すれば、彼らはデータに踊らされるロボットなのだ。納得できない方もいるだろうが、これが現実だ。

〈G表〉に対して厳しい書き方をしたが、私は彼らを全面的に否定するわけではない。享けた役目を全うしようとする人、他者の幸せを願って生きる人、すべてを飲み込んで暮らす人など、それぞれに物語があり、誰もが懸命に生きている。

しかし、たとえ高邁な志があろうと、〈G表〉の人生はすべてその人固有のガイドラインの中で展開される。だから、ガイドラインを変えて肯定的な人生を創るという観点に立てば、彼らの生き方は否定せざるを得ないのだ。

「未病」を知る〈グループ裏〉

〈G表〉は我々の大多数を占めるが、決してすべてではない。現象の裏で働く内側の力を感じている人も存在する。私は彼らを「グループ裏」（以下〈G裏〉）と呼んでいる。

内側の力を感じると言っても、いわゆる「霊感」や「スピリチュアルな能力」があるという話ではない。そういう人は自己のイメージ層に没入しているだけで、浅い世界で生きる〈G

表〉そのものだ。

〈G裏〉は、ごく普通の人の中にいる。彼らはもともと封印が弱いかココロのちぎれがないために、内側の力を感じやすいのだ。また、自分自身や近親者が強烈な衝動に振り回された経験などから、〈G表〉だった人が〈G裏〉に転じる場合もある。

リーディング事例からの推測では、日本人の約三〜四パーセントが〈G裏〉に該当すると思われる。

彼らは〈G表〉に比べて、意図せずとも内側の力を踏まえた行動を取れることが多い。例えば、負の衝動の干渉に「嫌な予感」や「胸騒ぎ」を感じて対応するケースなどだ。衝動という言葉は知らなくても、問題をもたらす水面下の力を嗅ぎ取っているのだ。

また、自身の衝動趨勢のプラス面を活かせる道を自ずと選んだりもする。つまり彼らは、ガイドラインの流れに上手く乗ることができるのである。

これを読んで、自分も〈G裏〉のようになりたい、と思う方がいるかもしれない。残念ながら、無意識ありきの生き物である我々が、〈G表〉から〈G裏〉へと意図的に変容することはできない。しかし、きっかけを作ることならできる。理にかなった刺激を無意識に与え続ければ、変容が誘発されるのだ。

実は、この手法は創運の現場で用いられ、大きな効果をあげている。創運の目的は、ほとんどの方が持っている〝運の伸びしろ〟を引き出し、人生を納得いくものに変えることだ。そのために、変容の誘発をはじめとして、数々の手法が駆使される。

もちろん、「納得できるように考え方を変える」などと言うつもりはない。実際に人生を変える効力を持つ、実践可能な手法の集積、それが創運なのだ。私はこれらの手法を、存在の探究と指導の経験から見出した。

次の項では、創運の手法をご紹介しつつ、指導の中で見えた無意識の法則について述べていきたい。

3　それでも人生は変えられる

そもそも、意識が無意識に制約されている中で、人生を変えようとする主体は何なのか。意識には、強く制約される部分とそうでもない部分があり、後者が創運の主体になる。この「そうでもない部分」の働きを拡張し、自律性を高め、深化させることで、人生を良きものに変えていくのである。

言わば創運とは、「表の自分」が「もう一人の自分」の干渉をかいくぐりながら、「もう一人の自分」の反応を変えるために行なう、心と環境の両面にわたる作業なのだ。

守りと攻め

創運の基本的なコンセプトは「外から内へ」だ。次のように、表に現れた問題の解決から始め、次第にココロの深い部分へと足を踏み入れていく。

問題の軽減
←運命趨勢の部分的改善
←肯定的な運命趨勢の創造

現状では、初めて依頼してくるクライアントのおよそ九割が、強制衝動の干渉による悩みやトラブルを抱えているため、まずそれを軽減する。

次は、運命趨勢を部分的に改善するプロセスになる。衝動趨勢自体は変えられなくとも、そこで展開される様相をより良いものにするのである。

衝動趨勢という流れには、難所もあれば嵐も訪れる。そういう変化を把握して、適切な対処と準備をすれば、運命趨勢のマイナス要素を減らすことができる。これにより、現実の凶事を回避、軽減し、生活を安定させるのだ。これは、無意識の性質を利用したリスクマネジメントであり、「**守りの創運**」だ。衝動趨勢や無意識そのものに手を加えるわけではないため「**枝の創運**」とも言える。

このプロセスでは、「守り」という言葉から想像される以上に、大きなアドバンテージを得ることができる。

誰もが、自分の人生を方向付ける衝動趨勢という流れの存在を自覚できず、目先の情報に振り回されながら、海に漂うクラゲのように生きている。そんな中で、曲がりなりにも本当に「先が見える」ことが、どれほど安心をもたらすか、想像していただきたい。無用のストレスから解放され、限られた時間と労力を、人生をより良くする方向に振り向けることができるのだ。これをアドバンテージと言わずして何と言おうか。

守りの創運がある程度できるようになったら、新たな運命趨勢を創り出すプロセスに進む。このプロセスでは、守りの創運よりも深い視点に立ち、無意識にメスを入れる。無意識との知恵比べや力比べをしなくてはならないが、当然、起きる変化も大きなものになる。

守りの創運がリスクマネジメントなら、こちらは、無意識の性質を利用した人生の改造であり、「**攻めの創運**」とも「**幹の創運**」とも言える。

個人指導の理由

以上のように創運は、抱えている問題を軽減したうえで、運命趨勢のマイナス要素を減らし、新たな運命趨勢を創造するというプロセスを踏む。いずれの段階も、画一化されたプログラムに沿って進むわけではなく、個人指導が不可欠だ。それにはいくつかの理由がある。

まず、スタートラインの差が大き過ぎることがあげられる。徳や福力、意識力、受けた衝動教育、真摯さ、年齢、イメージ層の処理能力など、運を創るための原資には、途方もない個人差が存在する。それに応じて、運の伸びしろや成果の出方も全く異なる。理解の早さや結果が出るまでの時間も様々だ。

創運の指導を始めた頃、私は、会員すべての運命趨勢を良きものに変えんと懸命だった。しかし妥協せずに指導すればするほど会員は減り続け、手を抜くと増えた。今にして思えば、原資の違いを顧みず一律に引き上げようとしたのだから、ついて来られない人が出るのは当たり前だ。硬い餅を強すぎる火で焼けば、柔らかくなる前に焦げてしまうように、一人ひとりに合わせた匙加減で指導しなければ、効果が出ないばかりか害になる。

現在では、個々の衝動趨勢や経過衝動の状況を見たうえで、力を抜いてはいけないところ、抜いてもいいところをきちんと伝えて指導している。どうせなら、楽しく実践するに越したことはない。

次に、無意識は自身を維持しようとする性質を持っており、変化を拒む。変化させようと働きかければ、あるところから、静かに、しかし激しく抵抗する。これは「飽きた」「疲れた」などとは次元の異なる拒絶反応で、本人だけの努力で乗り越えることは、ほぼ不可能だ。

私は、この抵抗を「**無意識の反発**」と呼んでいる。心理学で言う「防衛機制」とも重なるが、環境にまで影響を与えるため、独自の名称を付けた。

反発の様は、閉鎖的な村が変化を拒む姿に似ている。横溝正史の『八つ墓村』に描かれるような因習の強い村で、一人の若者が慣習を変えようとすれば、古《いにしえ》からのしきたりが染みついた村人たちは、あらゆる手を講じて彼の改革を止めようとするだろう。

無意識も同様に、巧妙な方策の限りを尽くして抵抗する。その結果、あるとき急に創運へのモチベーションが消えたり、実践したくともできない状況が生じたりするのだ。

こういう事態を防ぐには、反発をやり過ごしつつ実践できるよう、きめ細かいフォローが必須になる。そうして然るべき働きかけを続ければ、やがて無意識も変化を受け入れる。

加えて、未知の世界へと足を踏み入れる不安を和らげる必要もある。

「攻めの創運」では、〝霊主物従〟とも言うべき視点など、初めて出会う概念に基づく実践が多いため、様々な不安が生じる。しかし、私という体現者の息遣いを感じることができれば、信頼が生まれ、不安が和らぎ、勇気をもって踏み出せる。

以上のような要因から、創運のプロセスを進めるには、無意識について経験豊富な私が、個々の会員の状況を見極めて、注意深くサポートすることが不可欠になる。必然的に個人指導に行き着くのである。

勝負にならない開運法

先に進む前に、補足しなければならないことがある。

巷間には「〇〇するだけで運が良くなる」という類のメソッドがあふれている。これらの「開運法」と創運を混同する方もいるが、両者は次元の異なる別物だ。その違いをここで明確にしておきたい。

巷間の開運法は多種多様で、代表的なものだけでも、「習慣を変える」「感謝の心を持つ」「掃除をする」「楽観的になる」「気付きを得る」「パワースポットに行く」などがあげられる。その多くは、いとも簡単に人生が好転すると謳うが、果たして本当にそれだけの効果があるのだろうか？

結論から言うと、私が今まで出会った開運法は、すべて都合のいい夢物語かポエムの類であり、実際に人生を変え得るメソッドは一つもなかった。実効性のない理由は次の三つに集約され、それがすなわち創運と異なる点になる。

- 運というものが突き詰められていない
- 「無意識の反発」が考慮されていない
- 運が実際に変化したのか検証されていない

最大の理由は、運というものが突き詰められていないことだ。

開運を謳うからには、運を定義したうえで、幸運や不運が生じる仕組みを明確にし、それらを踏まえた具体策を提示する必要がある。考えてみれば当たり前だ。しかし私の見たところ、いずれのメソッドも、肝心なこの作業が全く行われていない。

自説に適う出来事だけを部分的に取り上げて単純化し、一般受けするストーリーに仕立てているに過ぎないのだ。それとも、適当なことを言ったところで誰もわからないと、たかを括っているのだろうか。

二つ目は、変化を拒んで反発するという無意識の性質が、全く考慮されていないことだ。もし有効な開運法があるなら、無意識サイドに変化を促すわけで、運が変わり始める前に、無意識は必ず反発する。この関門を乗り越えるためには適切な対応が必要だ。しかし無意識の反発をきちんと認識し、対処できるシステムを持った開運法は、私の知る限り存在しない。

三つ目は、実践した結果について継続的な検証が為されていないことだ。

開運法には、都合よく〝自己申告〟された成功例だけを取り入れているものが多すぎる。どんな方法でも検証と修正を重ねない限り、実効性のあるレベルにまで高めることは不可能だ。

私が創運のシステムを確立するまでには三十年弱の歳月がかかっており、その多くが法則の検証と修正に充てられてきた。

こと運を変える方法に関しては、それだけの時間をかけて多くの事例を検証し、ようやく効果のほどを判断できる。なぜなら不運は、衝動の病であるとともに、人生の時間を費やさなければ見えてこない「時間の病」でもあるからだ。この点においても開運法は、あまりにも無責任だ。

例えば、「習慣を変えれば、運が良くなる」というメソッドがある。

確かに我々の生活は、ほとんどと言っていいほど多くの部分が習慣によって成り立っている。このため、この方法は期待できそうに思えるが、実際は机上の空論だ。

それは、人生に深刻な影響を及ぼす習慣は、生来の衝動趨勢と結びついており、変えようとすれば無意識は必ず反発するからだ。反発が起きずに簡単に変えられるような習慣は根が浅く、変えたところで運が良くなるほどの影響力はない。

また、「気付きを得れば運が良くなる」という考えも、もっともらしく見えるが画餅に過ぎない。もし、悪しき運命趨勢をもたらす核心部分に気付ければ、人生は大きく変わるだろう。しかし誰もが封印のもとにあり、なおかつ無意識も自身を維持しようとする性質を持っている。このため、我々が気付けるのは無意識に許された部分だけであり、それも衝動の干渉が弱まった時に限られる。本当に重要な部分は隠されたままなのだ。

著名人の書いた「私はこうして成功した」系の方法を真似ることも意味がない。彼らは、大きな福力を背景に、自身の衝動趨勢にかみ合う努力をした結果、成功に至った。あるいは、彼らの衝動趨勢が自ら象《かたち》を取るために、意識に干渉して成功できる方法を呼び込んだとも言える。

福力も衝動趨勢も全く異なる他人が同じ方法を取ったとしても、同じ成果を出せるわけがないのだ。

いちいちあげればきりがないが、私はいずれのメソッドについても「こういう理由で運は良くならない」と言えるだけの根拠を持っている。運も、生と死のしくみの一部である以上、運を変えようとするとき、無意識の法則から外れた思い込みは一切通用しない。

私から見れば、開運法の提唱者たちは運という深い森の入り口で遊ぶ少年のようなものだ。魔物が棲む森の恐ろしさを知らないがゆえに、無邪気に遊びに誘えるのである。

難所に備える

では、主な創運の手法を具体的にご紹介していこう。

1　強制衝動への対処
2　衝動マネジメント
3　重層解析
4　バイパス化
5　念運・覚運

6　共鳴作用の利用
7　意識力の強化
8　解封
9　「運の器」の制御

最初に取り上げるのは「**強制衝動への対処**」である。この手法は、次に述べる「衝動マネジメント」の一部だが、創運のファーストステップに位置付けられるため、別に項を設けた。

なぜファーストステップなのかというと、強制衝動は対処すべきポイントや時期がわかりやすく、かつ悪影響を回避できれば大きな効果を得られるからだ。

第四章で述べたとおり、強制衝動の干渉によって起きた変動は、衝動期が終わった後も人生を制限し続ける。平均して数年に一回訪れる強制衝動期を大過なく乗り切っていけば、それだけでも、苦しみを減らし人生の安定度を高められるのだ。

平和な現代日本にあって、大多数の人は、それなりの安定が続くと思い込んでいる。しかしそんな思い込みは、強制衝動の干渉を受けると簡単に崩されてしまう。

188ページからの事例にもあるように、苦痛を伴う軌道修正を余儀なくされたり、それまで築いてきたものを手放すことになったりする。そして多くの場合、爪痕は長く残る。そこに例外はなく、人生をコントロールできると信じて疑わない人に対しても、強制衝動は絶妙のタイミ

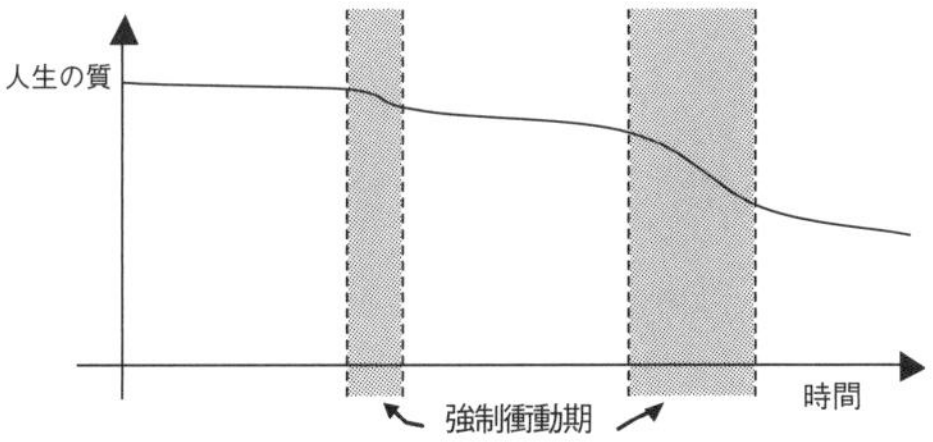

図 5-3　人生の質の低下イメージ

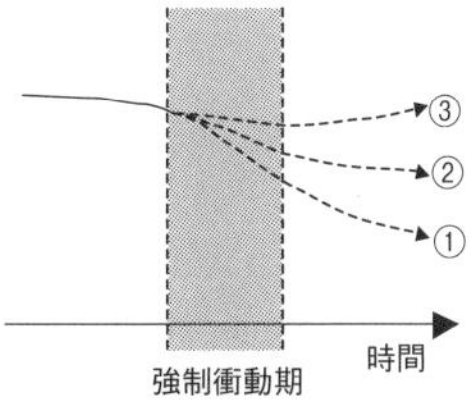

図 5-4　強制衝動による人生の質の変化

ングであっさりと梯子を外す。

経済的、社会的な目に見える損失以外にも、個人と法人、生活規模の大小を問わず、誰もが金銭では測れない何ものかを失い、〝後遺症〟に苦しめられる。

強制衝動に干渉されるたびに、このような状況に陥れば、収入、仕事、人間関係、健康、安定感や充実感など、我々の人生の質は、図5-3のようなラインを描いて低下し続けることになる。

強制衝動期をクローズアップすると、低下のラインは、図5-4の①のような形になる。しかし、干渉されることを予測して、心の状態だけが変化する「潜在期」までの間に準備を整えれば、影響は最小限に抑えられる。これによって、低下は②のように緩やかになり、状況次第では③のように、元の水準に戻すこともできるのだ。

以上のように、強制衝動は我々の人生に強い影響を及ぼしており、適切に対処することで得られるメリットは非常に大きい。だからこの手法は、創運のファーストステップであるとともに、すべての段階において必須項目となる。

強制衝動への準備

では、具体的な対処法を見ていこう。

既述のとおり、初めて私に依頼してくる人のおよそ九割は強制衝動の干渉下にあり、何らかのトラブルを抱えている。このためほとんどの場合は、最初のリーディングから強制衝動への対処が必要になる。

私はまず、強制衝動期が終わる時期、すなわち今の苦境をもたらしている力が弱まる時期を伝える。「ここまで頑張れば楽になる」という希望が見えるだけでも、ストレスは軽くなるからだ。

次に、個々の衝動趨勢を踏まえて、トラブルによる心の苦しみのケア、できるだけ禍根を残さない対応策の指導を行う。この段階では根本的な解決はできないものの、〝対症療法〟は可能なのだ。

会員になってからも、指導の半分以上は強制衝動への対処に充てられるが、力点は、起きてしまったトラブルの処理から、事前の予防へと移る。

第一に行うのは会員の衝動分析だ。分析の手順は後に述べるが、私は会員に干渉する強制衝動の強さ、性質、潜在期に生じる心の変化、成就期に現れる様相を、半年から数年先まで把握している。その内容は本人に詳しく説明し、干渉を受けたときに自覚しやすいようにする。

また、トラブルの素は簡単には取り除けないため、そこに関わる問題は必ず起きると考え、具体的な状況を想定してできる限り事前の対策を取るとともに、起きたときにどう対応するかのシミュレーションも行なっておく。

189ページからの例で言えば、G家の誰かが会員だったなら、父親が強制衝動期に入る前に、徹底的な健康診断と、健康状態の影響を想定した業務体制の見直しを勧めただろう。

Kが社屋を新築する前に私に相談していたなら、強制衝動の干渉によって後先を考えず来た波に乗ってしまうおそれがあることを伝え、その時期には大きな決断を避けるようにアドバイスしただろう。

強制衝動への対処

強制衝動の干渉が始まると、衝動の性質に沿って心が変化し、普段とは異なる興味や欲求が生まれたり、通常なら考えられない判断をしたりする。

この潜在期の段階では、心の変化を行動に移さないことが重要だ。衝動の干渉を思考や感情のみに止めておければ、影響は限定的で長く尾を引くこともない。潜在期に入った会員に対しては、リーディングの回数を通常よりも増やして精神状態を見極めながら、突発的な行動を取ることがないようフォローしている。

やがて衝動エネルギーが強まると、投影作用も働くようになり、衝動の性質が具現する成就期に入る。この時期は、予防策を取っていても、問題の表面化や不本意な変化を完全に避けることはできない。

ここで留意すべきは、具現した問題や変化を〝結果〟として残さないということだ。これができるか否かで、図5-4にあげたラインが異なってくる。売上げが減って倒産の危機に陥ったとしても、何とか持ちこたえれば、②程度で済む可能性があるが、実際に倒産してしまえば、確実に①の状態に陥るのだ。

成就期は、潜在期以上にリーディングの頻度を高めて、準備した対策を実行できるよう具体的な指導を行う。また、いかに準備しようと、強制衝動の干渉下では心の安定や冷静な判断力が失われるため、そのフォローも不可欠だ。


こうして適切な対処ができればトラブルを未然に防げるし、少なくとも取り返しのつかない事態に陥ることは避けられる。その効果は数字の上でも明確に現れており、例えばEL5超の負の衝動に干渉された場合、現実にマイナスの出来事が起きる確率が、非会員では八割以上になるところ、会員は五割程度に抑えられている（222ページ表5-2参照）。

強制衝動のたびに大過なく乗り切る経験を重ねていけば、苦しみ少なく安定した人生を維持できるようになるのである。


なお、強制衝動は必ずしも困難な状況をもたらすとは限らないが、プラスの状況が生じてもエネルギーの強さゆえに勢い余ってマイナスに転じることが多い。

例えば、仕事の成功を後押しする衝動と強制衝動が同時に干渉した時に、抜擢されて栄転した人は、意欲が空回りして危うく大きなトラブルになるところだった。強制衝動に後押しされて事業が発展したが、あまりにも急激な発展に対応が追い付かず、大きな損失が出たケースもある。

つまり、強制衝動の干渉がもたらす成功は永続しにくい。会員の場合でも、プラスをプラスのまま終わらせるには細心の注意を払ってサポートしなければならない。このため一般の方には、「強制衝動期はトラブルが起きる時期」と簡潔に説明している。

ただし、創運の実践者（創運者）にとっては、強制衝動期は有意義な時期とも言える。強制衝動のエネルギーは非常に強いため、無意識の制約を認識するきっかけになり得る。また、衝動の干渉下で出来した問題に立ち向かう努力を続けることで、衝動抵抗力も強まる。これらは、創運のステップを飛躍的に進める要因になるのだ。

衝動の現れ方をコントロールする「衝動マネジメント」

次に、「強制衝動への対処」の上位カテゴリーに当たる「衝動マネジメント」について述べたい。この手法は、衝動趨勢の流れのありさまと、その時々の変化を把握して、難所を乗り切るのみならず、流れの中でもより安定したルートを進めるようにするものだ。

経過衝動を把握する ┐
⬇ ├ 衝動分析
起き得る事象を絞り込む ┘
⬇
対策を講じ、準備を整える

表5-1

衝動マネジメントのベースになるのは「衝動分析」である。これによって、出生衝動の傾向や、いつ、どんな経過衝動が干渉し、どのような様相が現れるのかを把握する。その結果を踏まえて、マイナスの影響は回避、軽減し、プラスの影響は具現化できるよう衝動の現れ方をコントロールするのだ。

我々が無意識の制約から逃れられない存在である以上、衝動マネジメントという手法は極めて理にかなっており、「守り」「攻め」いずれの創運においても欠かせない。

では、経過衝動を例にマネジメントの進め方を見ていきたい。概略は表5-1のとおりで、先に述べた強制衝動への対処も、これに則っている。

前半の二つが衝動分析だ。まず、Dスコープに表れた虚衝動から、近い将来に干渉する経過衝動の強さ・性質・時期と、干渉がもたらす大まかな様相を把握する。

続いて、現実の諸々の要素と照らし合わせて補正や絞り込みを行い、具体的な様相を予測する。例えばDスコープ上で「支配衝動」が現れる場合、〝過剰なバイタリティ〟や〝支配性〟をキーワードとする事象が起きることを意味し、次のような状況が予測される。

・暴力傾向を持った人間、分野との縁
・権力闘争など何らかの争いに巻き込まれる事態
・過剰な情熱や支配欲に突き動かされた行動
・事故によるケガや手術など、体の痛みを伴う事態
・リウマチなどの炎症性疾患の発症

具体的な様相は人により全く異なる。医学生が外科を専攻することを決めた、自宅が火事になり避難中にケガをした、上司に向かって高圧的な言動をして問題になった、付き合い始めた相手が暴力団の構成員だったなど、様々な事例がある。こうした数多の可能性の中から、何が起こるのかを絞り込んでいくのだ。

絞り込みにあたって考慮する要素は、次のようなもので、本人の衝動趨勢から現実の環境、国家衝動まで多岐にわたる。

・衝動趨勢

・福力の強さ
・プラーナの分布
・行動・言葉・思考のパターン
・血族衝動の傾向、家運の衰退度合い
・人間関係、経済状態、仕事の状況等を含む、現在置かれている環境
・勤務先等、関係する集団の法人衝動
・国家衝動

神の目のように精密な予測を期待する人もいるかもしれないが、私は、早い段階から具体的な様相を特定しようとは思わない。なぜなら、無理に正答を求めると、「こうなるはずだ」という思い込みにとらわれて、他の可能性が見えなくなるからだ。予測通りに進まなかったときには、かえって対応が困難になる。

焦らなくとも絞り込みの過程でいくつかのシナリオが浮かび上がる。それらを踏まえて会員の状況を注意深く観察すれば、最も蓋然性の高いシナリオが見えてくる。つまり、無理な予測をしないことが、結局は正確な予測への近道なのだ。

分析の結果は会員に詳しく伝える。数年以内に干渉される衝動の強さと性質、その時の様相を把握しておくことで、干渉を自覚しやすくなるとともに、「何が起こるかわからない不安」

も軽減できるからだ。

次は、対策を講じ準備を整えるステップに入る。

不本意な状況が予測される場合の対応は、強制衝動への対処と同様だ。事前に準備を整え、衝動期に入ったら細やかなリーディングでフォローする。この積み重ねによって不本意な状況を回避したり、現れる様相をマイルドにしたりできる。「骨折はネンザに、ネンザは擦り傷に」変えられるのだ。

逆に、会員にとって望ましい状況が予測される場合は、その状況を確実に具現できるよう下地を整える。必要な準備は、意識力の強化、技能の習得、資金の確保など、会員ごとに異なるため、私が見極めて提示している。

会員は然るべき時がくるまでは準備に専念し、衝動の干渉と歩調を合わせて行動に移す。この方法を取れば、正の衝動の力を最大限に活かすことができる。

衝動マネジメントの効果

私の指導経験に基づき、経過衝動のマネジメント効果を数字的にまとめたものが表5-2だ。

「被影響度」とは、経過衝動の強制作用によって意識の働きが変化する確率である。

「具現性」とは、衝動の干渉によって現実の変化が起こる確率だ。この数値は、〈負の衝動〉

衝動のエネルギーレベル（EL）	被影響度		〈負の衝動〉具現性		〈正の衝動〉具現性	
	（会員）	（非）	（会員）	（非）	（会員）	（非）
EL5超	ほぼ100		50以上	80以上	70以上	50以上
EL5	約80	90	約40	70	約60	40
EL4	約70	80	約30	60	約50	30
EL3	約50	60	約20	40	約30	20
EL2以下	約10	20	ほぼ0	20	ほぼ0	ほぼ0

（単位：％）

表5-2　衝動マネジメントの効果

が望まない結果として具現する確率と、〈正の衝動〉が好ましい結果として具現する確率の二つに分けている。正負のいずれにもなり得る衝動はカウントしていない。

（非）とは非会員のことで、この項の数値は、会員ではない一般のクライアントの事例や、会員から聞き取った、私と出会う前の状況に基づく。

いずれの項目も、会員と非会員では影響の現れ方に差があることがおわかりだろう。「被影響度」も「〈負の衝動〉具現性」も明らかに会員の方が低く、反対に「〈正の衝動〉具現性」は会員の方が高い。つまり衝動マネジメントを行えば、負の衝動は具現しにくく、正の衝動は具現しやすくなるのだ。

特にＥＬ５超の衝動において、会員の「〈負の衝動〉具現性」が低いことに注目してほしい。ＥＬ５超は「複合強制衝動」や「積年衝動」にあたる。この時期には人生を左右する重大な事態が起き、影響が十年以上にわたって尾を引く。衝動マネジメントによって、そういう衝動の影響を回避できる率が高まっているわけで、非常に意義深いと言えよう。

また、会員歴が長い人ほど、予測と検証の積み重ねによって判断材料が豊富になり、分析の精度が高まる。当然、衝動マネジメントの効果も出やすくなる。

国家・集団・個人――重なり合う衝動

我々は、個人の衝動の影響だけを受けているわけではない。「血族衝動」はもちろんのこと、「法人衝動」や「国家衝動」の影響も受けている。これは、ココロの構造の投影として、この世が重層構造になっていることに起因する。

衝動マネジメントにおいては、あらゆる階層の衝動を視野に入れて重層的に判断することが必要だ。このような視点による衝動分析を「**重層解析**」と呼び、特に次のケースで重要になる。

- 〝血〟に関わる問題を読み解くとき
- 社会的活動に関わる問題を読み解くとき
- 将来を長期的に予測するとき

血族衝動は人生全般に影響するが、中でも、結婚、親子関係、相続など、文字通り血族関係にまつわる様々な事象に強い影響を及ぼす。これらの問題を読み解くときには、家族や一族の出生衝動を比較照合して、血族衝動を明確にする。第四章で述べたとおり、各人の衝動のうち血族衝動として機能している部分は、本人だけを分析しても見えてこないのだ。
なお、血族衝動とは異なるが、近親者における衝動の投影も考慮しなければならない。148ページで述べた嬰児の衝動以外でも、家族間などで衝動が投影されることがある。本人の衝動と現実の状況とが一致しない場合は、百パーセントに近い確率で、その状況をもたらす衝動が近親者に干渉している。

社会的活動に関わる問題を読み解くときは、関係する集団の「法人衝動」の分析が不可欠だ。仕事や経済状況には、自身の経営する会社、勤務先、取引先等の法人衝動が関わり、人間関係等においても所属する集団の衝動が関わる。社会的な活動範囲の広い人や経済規模の大きい人ほど、法人衝動の影響は大きい。

将来を長期的に予測するには、「血族衝動」「国家衝動」の分析が欠かせない。
血族衝動は生涯にわたって人生のあらゆる節目で介入してくる。また、国家衝動は他のすべての衝動を飲み込んでしまうほど強く、かつ、長いスパンで作用する。つまりこれらの衝動は、誰の人生にも長期的な影響を与えるのだ。

国家衝動の影響を読み解くには、83ページであげた諸々の指標を参考にする。ここではキーパーソンについて取り上げたい。
キーパーソンとは、国家衝動に同調し、国家が抱える光や澱の〝代弁者〟となって時代を作る人々を指す。我々の目に映る社会の姿は、彼らが舞台の中心に立って演じる悲喜劇と言えよう。

キーパーソンの運命趨勢も、はじめは一般の人と同様に、自身の衝動趨勢に沿っている。しかし彼らは、ある時から国家衝動と同調するようになり、衝動の動きに乗って社会の一線に躍り出る。そして、個人衝動の干渉は受けつつも、主に代弁者としての役割を担って生きるのだ。やがて、各々の役割を果たし終えると、国家衝動と同調しながら表舞台から退いていく。退き方は一様ではなく、静かに歩み去る人もいれば、突然引きずり降ろされるように退場する人もいる。それまでの長さも人それぞれだ。とは言え、代弁者であるがゆえに、時代の潮目には、その時代を作ったキーパーソンの多くが退くことになる。

キーパーソンの代表格は天皇陛下で、天皇の個人衝動と日本の国家衝動は歩調を合わせるかのように動く。少なくとも大正以降は、新天皇のご即位に際して、日本の国の経過図に新しい元首の登場を意味する「徴《しるし》」が現れ、新天皇個人の経過図にも、それまでの生き方が解体される「徴」が現れる。

他にも、吉田茂、岸信介、田中角栄、岩崎弥太郎、松下幸之助といった政財界の大立者と呼ばれる人たち、美空ひばりや石原裕次郎などの一世を風靡したスター、力道山、王貞治など、その道で一時代を築いた人たちの多くが、キーパーソンに該当する。

また、個人だけでなく、政党や企業などの集団の中にも、キーパーソンと同じ役割を担うものがある。例えば、自由民主党、関西電力、東京電力、トヨタ自動車、読売新聞社などだ。

衝動エネルギーの様相を変える「バイパス化」

出生衝動のマイナス面や、負の経過衝動の影響を軽減する効果的な手法として、「バイパス化」があげられる。エネルギーの抜け道（バイパス）を作って衝動の力を分散させたり、方向転換させたりできれば、大きなトラブルや変動にはつながらないのだ。

この手法を見出したきっかけは、看護師として働くある会員を指導した経験だ。彼女は、争いや対立を誘う衝動に影響されやすく、頻繁に同僚と衝突していた。しかし、オペ室に勤務した一年間だけは衝突がほとんど起きなかった。

彼女の事例で思い出したのが、ソンディ心理学の発端になった、ドストエフスキーにまつわる逸話だ。ソンディはこう考えていた。ドストエフスキーには殺人への欲求が内在していたが、犯罪者の心理を文章で克明に描くことで、その欲求が吐き出され、実際に殺人を犯さずに済んだ、と。彼女の場合は、極度の緊張を伴う手術という非日常的な場面に身を置くことが、ドストエフスキーの文章化と同様の吐き出し効果になり、衝突を招くエネルギーが解放されていたのだろう。

これに気付いた時、かつて私の父もバイパス化によって救われていたことに思い至った。

第一章で述べたように、父は満蒙開拓青少年義勇軍として大陸に渡り、終戦後の過酷な状況を何とか生き延びた。戦争という国家規模の「破壊衝動」に巻き込まれながら生き残る人には、皆それなりの理由がある。父の場合は、期せずして衝動が別のルートで現れたことが大きいと考えられた。

実は、彼は入隊から復員後にかけて、腹部の手術を四回も受けている。本土の訓練所で盲腸を切除したのを皮切りに、満州の病院で腹膜炎の手術、復員直後には患部が癒着して再手術。しかも、その際にメスの置き忘れがあり、開腹して取り出すことになった。この一連の手術がバイパスの役割をしたと思われる。

看護師の会員と私の父の体験はバイパス化が自然に起きた例だが、意図的に引き起こせれば大きな効果が期待できる。そういう視点で模索した結果、衝動エネルギーをバイパスさせる方法として確認できたのが、次の二つだ。

- **小規模で何度も具現させ、一ヶ所に集中させないようにする（分散）**
- **害のない形で具現するような〝出口〟を作って誘導する（方向転換）**

「分散」とは、衝動エネルギーに沿った状況を小さい規模であえて何度も作り出し、力を一ヶ所に集中させないようにする方法だ。私の父のケースがこれに該当する。

簡単な例をあげると、体の痛みやケガを招く衝動の干渉に対しては、歯石の除去などの歯科治療に通うという方法がある。治療による小さなケガを意図的に負うことで、衝動エネルギーを分散させ、大きなケガを起きにくくするのである。

「方向転換」とは、意図的に〝出口〟を作って衝動エネルギーを誘導し、破壊的な形で具現させないようにする方法だ。看護師の会員は、これが起きていた。

創運の現場においては、害のない形で具現させるのみならず、より肯定的で望ましい形へと誘導する。例えば、「混乱強制衝動」に干渉されて、言い知れぬ不安感といら立ちに苛まれ、引きこもり状態になっている女性会員がいた。この衝動は、強い不安感をもたらす一方、イマジネーション能力を拡大させる働きもする。彼女はもともとピアノの心得があったので作曲を勧めたところ、たちまち熱中して、心は急速に安定に向かった。

また、出生衝動は、次のような人生のウィークポイントとして具現することもあるが、これもバイパス化によって現れ方を変えられる。

・病的とも言える性格の偏り
・どうしても止められない性癖やこだわり
・長期間にわたる同種のトラブルの反復
・変えようにも変えられない人間関係のパターン

・反社会的な行為

様々なバイパスルートのうち、最も効果が大きいのは職業だ。第四章で述べたA家の父子三代は、暴力衝動やバイタリティ衝動が複合された「支配衝動群」という出生衝動に対して、土木建築の家業がバイパスの働きをしている。衝動が社会的な形で解放され、ケガの危険はあるが、経営や家庭は安定的だ。

趣味も効果的なルートになる。例えば、変化・流動を求める出生衝動を持つ人が、頻繁に海外旅行をしつつ、一つの会社に長く勤めるケースや、攻撃性の強い出生衝動を持つ人が、格闘技を長年続けつつ穏やかな日常生活を送るケースがある。このようなバイパス化によって、衝動を社会に受け入れられる形で解放したり、独自性として活かしたりできるのだ。

バイパス化には、この他に「共鳴によるバイパス」という手法があるが、これについては共鳴の項で述べる。

守りから攻めへ

ここまでご紹介した「強制衝動への対処」から「バイパス化」までの四つの手法は、負の衝動への対処を主眼としており、「守りの創運」においては、以上の手法を駆使するだけで目的を果たせる。

しかし「攻めの創運」に入ると、そうはいかない。このプロセスの目的は、良き運命趨勢を新たに創り出すことだ。そのためには、無意識層に手を入れて、人生の質を落とす原因になっている宿痾《しゅくあ》を取り除くとともに、正の衝動を生み出すデータを刺激して、運命趨勢の変化を誘起しなければならない。文字通り「敵は我が内にあり」なのだ。

目標とすべき地点は、人により全く異なる。福力を消耗させる習慣の捨断から、制約の証智や徳の蓄積まで、実に様々だ。どこまでを目指すかは、次のような要素を総合して、無理のない落としどころを見極める。

・本人の意向や意識の成熟度合い
・無意識的要因（福力の強さと今後の推移、既存の運命趨勢、衝動抵抗力など）
・現実的要因（年齢、社会的能力など）

変化の可能性を広げる「念運」

攻めの創運に入っても、はじめから無意識レベルの心的作業ができる人はいないため、様々な手法を用いて、徐々に深いエリアへと導いていく。

基礎になるのが「念運」だ。これは、無意識の法則とその根本にある存在論を身に付けることだ。「念」という言葉のとおり、単なる学習ではなく、法則を繰り返し刻み込んで、咀嚼し血肉化する。この手法が基礎に置かれるのは、いくつもの意義があるからだ。

まず、法則が刻み込まれると、指導がきちんと届くようになる。

創運を始めたばかりの人は、私と話が噛み合わない。例えば私が「無意識の制約から離れて自由になる」と言っても、彼らの考える「自由」とは、制約の枠内で思い通りに行動できることでしかない。彼らの頭の中にある辞書は、無意識や衝動に関してあまりに貧弱なのだ。このため、はじめのうちは指導と言っても、占いに毛の生えたようなレベルに止まる。念運の段階を経て、ようやく本来の指導が可能になるのである。

次に、法則が身に付けば、衝動にまつわる事柄を言語化しやすくなる。攻めの創運は、自らの人生をまな板に乗せた、無意識との知恵比べ、力比べであり、互角以上にわたり合うには、自己の衝動疾患の特徴や、衝動に干渉されたときの反応などを言語化して把握することが欠かせない。

言葉にしたとたんに遠ざかる真実もあるが、創運においては、自身の状態を言葉にできて初めて、何を為すべきかが認識できる。

最も重要な意義は、私が「**覚運**」と呼ぶ状態をもたらすことだ。

念運を行いながらリーディングを続けると、強制衝動などの何らかのきっかけで、無意識の法則を「我が身に起こること」として実感できるようになる。無意識の制約を認識できないままでも、そういう働きがあるという事実を意識が受け入れ始めるのだ。この状態が「覚運」で、攻めの創運を進めるための土台となる。

共鳴がもたらす変化

覚運と並ぶもう一つの土台が、「共鳴作用」である。

共鳴とは、第四章で触れたように、無意識同士が互いに同調し合う作用だ。これは様々な形で働き、身近なところでは「虫の知らせ」や「シンクロニシティ」もその一種と言える。私自身の経験も含めて、共鳴の事例を見てみよう。

今から十数年前、私の母親が心臓の手術を受けた。母と同居している弟は、医師から、万が一の覚悟だけはしておくようにと言われ、葬儀の手配まで進めていた。

手術が終わった夜のことだ。病院から数百キロ離れた私の自宅で、深夜、廊下に母親が立っていた。私は、何が起きているのかを察して、声をかけた。「孫のランドセル姿を見るまで死ねないと言っていたんだろう。こんなところに来るな、早く帰れ」。

すると母親の姿はすぐ消えた。私が急遽、冥想に入って彼女を思念すると、プラーナが一気に流れていくのがわかった。

結局、母親は術後の危機を乗り越えた後、みるみる回復し、二週間後には自分の足で元気に歩いて家に帰ったという。

この話には後日談がある。

その後しばらくの間、私は激しい咳が続いた。プラーナが流れた相手の患部と近い部位に不調が生じるのはよくあることで、気にも留めずにいるうちに、いつしか咳は治まった。

しかし、数ヶ月後に定期検診を受けたところ、医師から「間質性肺炎が治ったような痕跡」があると告げられた。病変が起きたと推測される時期は、母が手術を受けた頃だった。

間違いなく、あのとき私のプラーナは母親に流れ、生死の境を彷徨っていた彼女をこの世に引き戻したのだろう。


共鳴がこのように働くのは、親子など、無意識の親和性が高い関係の間で、特に生死に関わる局面が多い。そういった事例は、著名人の手記などにもよく登場する。例えば、零戦の搭乗員だった坂井三郎は、次のような経験をしている。

坂井は、ガダルカナル上空で戦闘中に被弾した。彼は、多量の出血で意識が遠のいていく中、「なんだ、三郎、お前はそのくらいの傷で死ぬのか。意気地なし！」と叱りつける母親の声を聞く。彼はそこでハッと我に返り、四時間にわたる飛行の末、ラバウルまでたどり着いたのだ。

その後、内地で手術を受けたが、負傷した右目の視力はほぼ失われてしまった。

翌年の正月を実家で過ごした彼は、母親の様子がおかしいことに気付く。前年の八月頃から右目がかすみだし、今ではほとんど見えないという。八月とは、まさに坂井が負傷した時だった。

漫画家の水木しげるも、著作の中で次のような経験を描いている。

水木がニューブリテン島バイエンに十人の小隊で派遣された時、兵舎が襲撃を受けた。部隊は全滅し、彼一人だけが近くの断崖から飛び降りて難を逃れた。しかし敵は執拗に追ってくる。彼はもう最期だと思い、心の中で父母に別れを告げた。

同じ頃、故郷の母親は、水木が敵に追われて崖の上を走っている夢を見て飛び起きた。隣に眠っていた夫を起こすと、大声で息子の名を叫び、生きて戻れと祈ったという。

あの時代には、坂井や水木のようなケースが、そこかしこで起きていたのだろう。阪神・淡路大震災や東日本大震災などの災害の際にも、似た経験をした人は多数いるのではないか。

会員と私の間でも、信頼関係が深まると共鳴が起き、様々な恩恵をもたらす。例えば次のケースのように、会員を負の衝動の具現化から遠ざける。
・Pが、海外出張の最終日にホテルで荷造りをしている時、「デルナ」という私の声が聞こえた。どういうことかと思案していると、テレビのニュースが、アメリカの高層ビルに飛行機が突入したと伝え始めた。9・11事件が起きたのだ。ホテルの近くには現地のアメリカ大使館があり、やがて周囲には群衆や警察車両が集まって騒然となった。もはや空港に向かうのも難しく、その日はホテルにこもって混乱をやり過ごした。

・Qは、駅で電車に乗る寸前に、背後から「おーい、Qさん」と呼ぶ私の声を聞いた。珍しいところで会えたものだと、乗るのをやめて私の姿を探したが見つからない。「確かに呼ばれたのに」と不思議に思っているところにアナウンスが入り、乗るはずだった電車が衝突事故を起こしたことを知った。

では、この共鳴作用が、なぜ攻めの創運を進めるための土台となるのだろう。それは、「**共鳴によるバイパス**」ができるからだ。会員に干渉する衝動エネルギーを、共鳴作用を用いて私の無意識にバイパスさせると、一時的に干渉を弱められ、その間は次のような変化が起きる。

・無意識や衝動エネルギーの存在を理解できるようになる
・意識の自律性が高まり、衝動に振り回されずに判断、行動できるようになる

この変化を利用して、後に述べる「解封」という手法を実行できるのだ。また、たとえ一時的でも、こういう状態を経験することは、会員にとって非常に有意義だ。

運の伸びしろを決める意識力

衝動の干渉下でプロセスを進めるには、「意識力の強化」も欠かせない。意識力は、第四章で述べたとおり、次の二種類の力の総称である。

・衝動抵抗力：衝動に対処する内側の意識力
・自我力　　：外界に対応する外側の意識力

衝動抵抗力は、衝動エネルギーを受け入れる意識の器の大きさや、衝動の影響を察知する認識力、衝動の干渉下で自律性を保つ力などの、内側の意識力だ。自我力は、意志力、忍耐力、集中力、ストレス耐性などの、いわゆる精神力であり、外側の意識力だ。

意識力が強い人ほど、創運においても肯定的な変化が期待できる。運の伸びしろが大きいのだ。逆に意識力が弱いと、為すべきことを実践できず、実践してもなかなか実を結ばない。

衝動抵抗力と自我力は意識力の両輪で、片方だけ強くてもうまくいかない。例えば、自我力が強く衝動抵抗力が弱い人は、人生をそれなりにコントロールできるが、強制衝動や血族衝動などの影響力の大きい衝動に干渉されると、簡単に足をすくわれる。二つの意識力はバランスよく強めることが重要なのだ。

意識力は、ある程度までなら、創運を実践する中で自然に強まるが、さらに積極的な強化が必要になる人もいる。

一つは、否定的な行動・言葉・思考のパターンや、依存性、幼さ、心の屈折などの〝不幸グセ〟が定着している場合、もう一つは、家運の隆盛など、より高いハードルに挑もうとする場合である。

意識力のうち自我力は、メンタルトレーニングなど表層意識レベルの努力でも強化できる。一方、衝動抵抗力を鍛えるには、衝動に対処する経験を重ねなければならない。ボクシングなら、スパーリングの中でこそ、間合いの支配、パンチの当て勘、フェイントによる駆け引きなどが習得され、強くなっていく。それと同じことだ
衝動抵抗力を高める〝練習試合〟の例としては、EL3程度の負の衝動に対して、バイパス化などの回避策を取らずに、そのまま受け止めるという方法がある。衝動の負荷に対抗して、心の安定を保ち、現実の状況をコントロールする努力を続けることで、衝動抵抗力は確実にアップするのだ。

意識力の強さは個人差が大きいが、生来のレベルがどんなものでも、高めたら高めた分だけ確実に財産になる。

「解封」という変容

覚運、共鳴という土台が作られると、「解封」の手法を用いることができる。解封とは、意

識にかかっている封印作用を解くことで、これは攻めのプロセスを一気に前進させる。我々は封印のもとにあるがゆえに、無意識の制約を自覚できず、ガイドラインとのせめぎ合いで優位に立てない。解封は、このような状態から脱却するための大きな一歩となる。

解封による変化は、先に述べた覚運とは次元が異なり、意識と無意識の関係性が変わるような構造的変容が起きる。

1 意識が内側に向かう
2 その動きに呼応して、無意識が制約、干渉を弱める
3 意識の自律性が高まり、無意識からの制約を認識できる
4 この過程が繰り返されることで、意識と無意識の新しい関係ができる

こうした変容を経て、意識の活動範囲が劇的に広がり、かつ深まる。解封ができて初めて我々は、人生全般を曇りのない目で俯瞰できるようになり、無意識の法則を至極当然のこととして受け入れられる。そして、次の例をはじめとする変化が生じるのだ。

・自分にかかっていた数々の〝呪縛〟を自覚できる
・周りの人間関係を作り出している力が理解できる

・捨てられなかったこだわりやしがらみが消える

創運の現場では、私が「ファイアリング」と呼ぶ技法を用いて、会員たちを解封に導いている。この名称は「意識と無意識の両方に刺激を与えて、凝り固まってパターン化した動きしかできない意識を、炎で氷を融かすが如くに変化させる」という意味を込めたものだ。

これが202ページで述べた、〈G表〉から〈G裏〉への変容のきっかけを作る手法にあたる。封印の壁に亀裂が入った状態を、意図的に作り出すのである。

対象となるのは、私との信頼関係が深まり共鳴が起きるようになった会員だ。

準備段階として、会員は衝動存在論を心に刻み込んで覚運の状態を作る。私はその人の出生衝動から来る傾向の中でも、最も人生に困難をもたらし、変更が難しいポイントを見極める。衝動疾患の病巣を探ると言ってもよいだろう。そしてリーディングの中で、このポイントにあえて意識を向けさせていく。

ファイアリングを実行するには、共鳴によるバイパスで会員への衝動の干渉を一時的に弱める。これによって意識状態を変化させたうえで、先に見極めたポイントをテーマにしたリーディングを集中的に行なう。すると壁に亀裂が入るのだ。特に強制衝動期には、衝動エネルギーを介して無意識が意識野に顔を出しているため、ファイアリングの効果が現れやすい。

いかに言葉を尽くしても、封印がかかっている人は、無意識の制約を「我が事」として実感できない。しかし覚運の状態になれば理論的に受け入れられ、亀裂が入ると皮膚感覚としてわかる。

ファイアリングを繰り返すうちに亀裂が広がり、頭だけの理解が、感情的な衝撃を伴う納得へと変わる。こうして解封という変容が定着していくのである。

言うなれば解封とは、本章の冒頭で述べた囚われ人が、自身を囲む塀の存在に気付くことだ。文章にすると単純に見えるが、解封も、言語化が困難な心的作業であり、詳細に描こうとすれば膨大な紙幅が必要となるため、本書ではこの辺りまでとする。

共鳴 ＋ 覚運 ＋ ファイアリング ⬇ 解封

なお、解封はすべての人にとって恩恵になるわけではない。なぜなら封印には意識を保護する働きもあり、それが必要な人もいるからだ。

我々の意識は、外界からの入力や刺激に対して脆弱で、すべてを受け止めることはできない。これゆえ受け入れ能力を超えるものは、抑圧あるいは逃避して無意識サイドに追いやることで自己を維持している。

我々は、封印という壁のせいで無意識からの制約を認識できないが、裏を返せば、壁のおかげで追いやったものと対峙せずにいられるのだ。壁に亀裂が入るということは、〝パンドラの箱〟が開くようなもので、意識力の弱い人はこのストレスに耐えられない。娑婆の無常を感じて生きる意欲を失う人もいる。

このため、共鳴が起きるようになった会員に対しても、解封すべきかどうかは慎重に判断する。徳の多寡、意識力の強さ、生活基盤等の条件を鑑みて、デメリットの方が大きいと思われる場合は解封を行わない。

運の器

攻めの創運は、積極的に「良きこと」を起こすプロセスと言ってもよい。しかし私は、すべての物事を一気にレベルアップさせようとは考えていない。なぜなら人間には誰しも、「運の器」というものがあって、器は急には大きくならないし、無理に大きくしようとすれば必ず問題が生じるからだ。

運の器とは、娑婆において「幸せや楽を一度に享受できる量」のことを言う。私は指導の経験から、各自の福力と衝動趨勢とに応じて、一人ひとりにおよそ決まった器の容量があると考えている。

自身の器に見合ったものを得るのなら問題はない。しかし、無理やりにしろ、意図せずにしろ、容量を大幅に超えるものを手に入れた場合、超えた分は何らかの形で失われる。

それどころか、ダムの決壊のように器自体が壊れることもある。例えばコツコツ働いて堅実な収入を得るという財運の器を持つ人に、突然、何億円もの遺産が入ってくれば、確実に容量を超える。そのとき何がどう失われるかは、遺産に付いていたカネの色が衝動趨勢のどの部分を刺激するかによって異なる。散財や投資の失敗で金銭を失う場合もあれば、健康や家庭の安定など金銭以外の何ものかを失うこともあるだろう。

もちろん、財産に限らず何であれ、器を超えたものが手に入れば、次のように様々な形で問題が生じるのだ。

・いわゆる〝玉の輿〟に乗ったが、しばらくして交通事故の加害者になった
・無理をして豪華な家を新築した頃から家族関係が悪化し、離婚に至った
・自営の店が流行に乗って急に繁盛し支店を増やしたが、配偶者が深刻な鬱になった

「禍福は糾える縄の如し」という諺が指すのは、まさにこのような事象ではないだろうか。創運においては、想定外の「禍」を招かないように、慎重に運の器を広げていく。

地球衝動と社会のリセット

以上の九つが創運の基本的な手法だ。

会員の衝動疾患の程度と現状に応じて、これらの手法を組み合わせたり、さらに深部へアプローチする手法も加えたりしながら指導する。いずれの手法も、ほとんどの方にとっては未知のものだろう。だが、これらは無意識を探究する過程で見出された技術であり、普遍性を持つ。有視界飛行の時代に忽然と現れたレーダーのようなものと言える。

今のところ、創運の恩恵を享受しているのは、不本意な人生からの脱却を目指す会員が大半だ。本来は、安定した人生の維持や発展のためにこそ創運が必要で、効果も高いのだが、そこに気付く人は少ないようだ。今が安定している人は、自力でそれが維持できると思うのだろう。しかしこれからは誰もが、生き抜くために様々な方法を模索せざるを得なくなる。それは**「地球衝動」**によって、あらゆる基盤が激しく揺さぶられるからだ。

地球衝動とは、数十年に一度現れる強いエネルギーの衝動で、人類一人ひとりの潜在的な欲求の集合体だ。今回の地球衝動は、「既存の秩序の破壊と新たな価値観の誕生」という性質を持つ。これが各国の国家衝動となり、「瓦解の波」に具現して地球規模の変化をもたらすのだ。

この動きに拍車をかけるのが、地球温暖化である。気温の上昇は人間を興奮させるため、瓦解の波がもたらす変化は前回より大きなものとなる。

その結果、第二次世界大戦後から続いた国際秩序や権威が壊れ、新たなものが取って代わる。それは、個人的な価値観から、経済・社会システム、果ては国家の構造にまで及び、社会をリセットする。

地球衝動　⬇　国家衝動　⬇　瓦解の波　⬇　社会のリセット

瓦解の波は、すでに現れている。その幕開けが、二〇一七年から世界の至るところで始まった脱石油方向の〝産業革命〟だ。この動きは、エネルギー、自動車、製薬、医療、金融、建築などをはじめとする様々な分野に波及し、既存の秩序を塗り替えてきた。

二〇一九年から二〇二〇年頃には、地球衝動は次のような国家衝動に姿を変えた。

・アメリカ：国民経済統制衝動、感染衝動
・中国：準感染衝動、強権衝動
・ロシア：近隣関係抑圧衝動、国家基盤抑圧強制衝動
・日本：国家債務膨張衝動、産業構造解体衝動

二〇一九年末から始まった新型コロナウイルス感染症の世界的流行もこれらの現れで、瓦解の波の一部なのだ。

畳みかけるように現れた新たな波が、二〇二二年二月に起きた、ロシアによるウクライナ侵攻だ。侵攻の背景や理由はいくつもあるだろうが、衝動という観点から見ると動きがよくわか

る。ロシアは、二〇一二年頃から二〇一六年まで「存在解体再生強制衝動」、「近隣関係解体再生衝動」、「国家基盤解体再生強制衝動」など、国家の基盤を根底から揺るがす積年衝動の干渉を受けている。加えて、プーチン大統領も二〇一四年頃から積年衝動に干渉されていた。その中には「生命力解体再生強制衝動」が含まれ、肉体的生命力だけでなく、社会的生命力も悪化する可能性がある。

独裁者と国家が同時期に、非常に強い衝動の干渉を受ければ、両者は衝動の性質に沿った方向にしか動けない。しかも積年衝動は、干渉が終わった後も十年以上にわたって影響が続く。つまりロシアには、二〇一六年頃から、「よくて分裂、悪くて消滅」というリスクがあったということだ。そこに、ウクライナも二〇二二年の初頭から「国民生活解体再生強制衝動」に干渉された。このような衝動環境のもとでは、ロシアの武力行使は必定だった。

今後ロシアは、積年衝動に沿った方向に動くことは間違いなく、クーデターを通じた国体の変更もあり得るだろう。

実は、問題はロシアとウクライナの二国間だけには止まらない。ロシア、アメリカ、中国の三国は、衝動レベルで強く反応（同調・敵対）する性質があり、いずれかの国で起きた事件は、必ず他の二国や関係諸国に強い影響を与える。

このため、ウクライナ侵攻に端を発する混乱は、三国を経て増幅され、恐怖、憎しみ、裏切り、不安を伴う瓦解の波に姿を変える。そして、すでに起きていた波、新たに発生する波と合わさりながら世界中に広がることになる。

この原稿に手を入れている間にも中東で紛争が起きているが、それが収まったとしても世界が安定することはない。火種はどこにでも存在する。私はかねてから、二〇二四年頃に「金融危機の再来」「中国共産党の分裂」などの可能性があると予測しているが、本項を読まれた読者の方もご納得いただけるのではないか。

混迷の時代を生きる人へ

瓦解の波の影響を強く受ける国の一つが、我々の日本である。第四章で述べたように日本は現在、国力のボトムに向けて突き進んでいる。約八十年周期の国力の盛衰サイクルに、経済の世界的連動性や平均寿命等を考慮して補正を加えると、今回のボトムは「二〇二四年から三一年頃」と予測される。

実は私は、拙著『世界はどうなる最終分析』等の中で「日本は二〇一三年から二〇二四年まで破綻状態に入る」と述べた。日本の盛衰サイクルを踏まえつつも、世界金融危機や福島第一原発の事故の影響を懸念し、ボトムが早まると予測したのだ。

おわかりのように、この予測は実現していない。それどころか、皮肉にも私が再生の時期と予測していた二〇二四年から、日本はボトムに入ることになる。私の懸念など、サイクルには

・世界	地球衝動による瓦解の波	秩序の破壊	社会のリセット
・日本	国家の盛衰サイクル	ボトム期	家系のリセット
・個人	強い衝動エネルギーの干渉	生活の破壊	人生のリセット

表 5-3　三つのリセット

すでに織り込まれていたようだ。

ボトムへの接近に合わせるように、瓦解の波が、国土、エネルギー、金利、貿易といった日本の泣きどころを容赦なく突いてくる。

そんな中、今回のボトムは、前回とは異なる形を取る。前回は、敗戦という暴力的な形で、外側の力によって国の体制が崩壊したが、今回は、家系の崩壊をはじめ、天災、外国勢力による資源の収奪など、複合的な要因によって内部から崩れることになる。

日本の未来については、多くの識者が予測している。しかし、彼らの予測には致命的な欠陥がある。それは国家や世界の動きが、一人ひとりの無意識の働きから生じるという視点がないことだ。

例えば、明るい未来を予測する識者もいる。しかし彼らの予測はすべて、社会の主導権を握る側、孫子で言うところの「致す側」の動きに基づいたものであり、「致される側」、つまり国民の内側の条件が考慮されていない。国民に、どれだけ楽を享受する力があるかによって、瓦解の波が現れたときの様相は大きく左右される。現在の日本では、大半の人間が貧弱な福力しか有しておらず、良き状況が訪れるとはとても考えられない。

あらゆる分野で崩壊や構造転換が起きて、国家機能や秩序を作り直さざるを得ない事態になる。私は、国体さえも揺れ動くおそれがあると考えている。

この時期には何が起きても不思議ではなく、日本がデフォルト状態になる可能性も十分にある。「自国通貨を国内で回し続けている限り、財政の破綻はあり得ない」と言う識者は多いが、彼らの見解は、衝動に干渉されたキーパーソンの失策や、国家基盤を揺るがすような大災害などは考慮されていない。平時の理論が通用しないのが、ボトム期なのだ。

ボトム期の動きと無縁でいられる日本人はおそらく皆無だ。個々のガイドラインによって起きる状況は様々だが、多くは人生をリセットする事態に追い込まれる。

日本全体の傾向としては、人生の質が低下し貧困化が進行する。心の荒廃が進んで治安が乱れ、自殺者も増えるだろう。しかも今回のボトムは家系の崩壊を伴うために、V字回復は望めない。どんな対策が取られようとも国力の低迷はしばらく続く。浮かれた時代は終わったのだ。

我々は否応なく熾烈な椅子取りゲームに放り込まれる。勝ち組と負け組が入れ替わり、幸運格差は果てしなく広がるのである。

ここで再び祝辞の例をあげるなら、これから混迷の時代を生きる彼らに贈るには、次の言葉こそがふさわしい。

「諸君の前には得難いチャンスがある。なぜなら、既存の枠組みがリセットされ始めているからだ。君たちは、『頑張っても報われない』と思っているかもしれないが、決してあきらめてはいけない。そんな社会はいったん壊れ、あらゆる所でリーダーたちが入れ替わる。こういう時代には、運と実力が物をいう。だから今は腐らず腕を磨き、あらゆることを学べ。時が来たら、時代が君たちを選んでくれるだろう」

新しい羅針盤

今、世界は大きな潮目にある。すでに秩序の崩壊は始まっており、人類は新たな秩序を模索しなければならない。

終戦から七十八年、現代の日本では、いかに社会の流れから外れず、かつ自分の立ち位置をオリジナルであるかのように演出できるかが、生きる上での重要なポイントになっていた。これが何を意味するかと言えば、国民の思考パターンが総じて公務員化、あるいは大企業の社員化し、社会の流れから離れてものを考えられなくなるということだ。

そういう生き方が通用した時代は終わる。新たな枠組みが見える二〇三〇年頃までは、我々は自分で自分の舵取りをしなければならない。思考能力を失った国民が自ら選択することを強いられるのだから、多くが誤った道を選び、新しい社会から淘汰されるだろう。

混乱につけ込むように、耳に心地よい〝新しい〟生き方、考え方がいくつも提唱されることは容易に想像できる。しかし、皮相的な新しさだけの生き方は、時代のうねりに飲み込まれていく。

そんな羅針盤なき時代において色あせずに残るのは、根源性と普遍性を備えた知恵である。本書で述べた衝動存在論もその一つだ。なぜなら、「生と死のしくみ」は、我々人間が誰一人として逃れられない摂理だからだ。

我々は「魂」を主体として輪廻転生する生き物だ。内側の力に誘われて娑婆と中陰とを流転しており、娑婆にあっては、衝動エネルギーが生み出すガイドラインとせめぎ合いながら生きている。そして、個人の意識や行動のみならず、社会や国家の動きまでもが、同じしくみの下にある。

世界の枠組みや社会の価値観が変わっても、根底に存在する、「生」のしくみと「死」のしくみは永遠に変わらない。その事実を新しい常識として身に付けられたなら、生きる上での揺るぎない軸になるだろう。

コラム3　寿命は予測できるのか

人の寿命を予測できるのかと、質問されることがある。

結論から言えば、死ぬ時は予測できない。しかし、その人が死に近づく時期はわかる。それが「強制衝動期」だ。

強制衝動期は、無意識活動が増大し相対的に意識の力が弱くなる。言葉を換えれば、娑婆を生きる力が弱まるのだ。このため、事故や病気なども起こりやすい。

すでに生命力が低下しているなら、起きる出来事や心の変化は、生命力をさらに削ぐものになる。例えば深刻な病の人が強制衝動に干渉されると、次のような事態に陥る。

・誤った治療法を選択する
・適切な治療ができない医師を選択する
・適切な治療を継続できない事態が生じる
・生きる意欲が低下する

衝動抵抗力が弱い場合や、福力の余力がない場合は、この時に、死につかまってしまう。そうでなければ強制衝動期を耐え抜くことができ、その後には様々な修正が為されて、病から回復できる。

終章　臨終の後、あなたに道はあるのか

生と死のしくみを踏まえて生きるなら、娑婆という世界のとらえ方が変わる。そのとき、あなたは何に心惹かれ、何を目指そうとするだろうか。

終章では、創運者が辿り着く代表的なテーマについてお話しし、本書の締めくくりとしたい。

先にあるもの

創運を続けていると、生きる喜びや素晴らしさ、あるいは苦しみや哀しみなど、「生きる」という行為はすべて、しくみの下にあることが身に染みてわかる。そこで浮上するのが、次の三つのテーマだ。

- 晩年を創る
- 運のいい子を育てる（運育）
- 死や輪廻を見据えて生きる（創五蘊）

創運者にとって、「死」は遠いものではない。彼らは一般の人よりも早く、残された歳月《としつき》を意識し、晩年をどう生きるか考える。そうして思い描いた方向に環境を整えるのが、「晩年を創る」ということだ。ここでの「晩年」とは、第一線を退いた人生の終盤を指す。

納得のいく晩年を送るには、心と環境の両面で安定した状態を創る必要がある。具体的には、**健康、経済の安定、人間関係の拠り所、心の拠り所、社会生活の拠り所**という五つを、バランスよく揃えていく。

運命趨勢を変えることに比べれば簡単そうに見えるかもしれないが、実際は、始めるのが遅れるほど揃えるのは困難になる。特に、「年齢的」「社会的」「無意識的」の三つの面で、リスクが高まるのだ。

年齢的なリスクとは、加齢とともに意識サイドの力が落ちるということだ。衝動抵抗力はもちろん、外側の環境を動かす自我力も落ちるため、衝動マネジメントによって環境を整えようとしても、なかなか成果が出ない。

社会的なリスクとは、これからの日本が国力サイクルのボトム期に入り、高齢者が暮らしにくい社会になるということだ。そういうサイクルを知らない人でも、終身雇用制の崩壊、年金システムの崩壊、社会保障の悪化、医療環境の劣化、独居老人の増加、社会インフラの劣化、増税などの事態は予想できるのではないか。加えて、ＩＴ社会の拡大に適応できない高齢者は、経済や社会サービスにおいて、様々な恩恵から取り残されることになる。そのうえ、高齢者はボトム期を乗り切っても安心できない。なぜなら日本の再生は、国民の老後を叩き売ることで為されるからだ。安楽死の法制化など、合法的な姥捨て山というべき状況も出てくるだろう。

　無意識的なリスクとは、高齢になるほど福力が弱まるという問題である。第四章で述べたように、福力は我々を苦しみから遠ざける働きをする。その力が弱まれば、そこかしこで問題にぶつかり、人生が思い通りにいかなくなる。特に、**晩年の環境は、福力とプラーナの状態に応じた状況に収束する傾向がある**。福力余力のない人、プラーナが下方に分布している人は、年齢的・社会的なリスクを乗り越えられず、状況が悪化する。このため、安定した晩年を送るには福力が不可欠だ。ところが福力は、誰でも加齢とともに弱まるうえに、福力を消耗させる習慣が身に付いた人も多い。

　生活のダウンサイジングと健康管理で、晩年を乗り切れると考える人は少なくないが、そこには、衝動抵抗力や福力の問題という視点が欠けている。加えて、平均寿命が延びたことで、誰もが長期間これらのリスクにさらされるのだ。彼らはどこかで考えの甘さを痛感させられることになるだろう。

　こうした状況のもとでは、晩年に入ってから五つの要素を揃えることは、創運の手法を以てしても困難だ。しかし、その前にいったん揃えたなら、維持するためのハードルは低い。

この世の桜が寿命の数しか見られないように、準備する時間は限られている。晩年に向けて環境を整えるのは、いつ始めても早すぎることはない。まして、国力サイクルのボトム期に入ろうとする現代では、なおさらだ。

運のいい子の育て方

内側の力を利用して人生を充実させられることがわかれば、その経験を〝遺産〟として子供に残したいと思うようになる。

そこで行われるのが「**運育**」である。これは、子供の衝動趨勢のマイナス面を肯定的に解放し、プラス面を最大限に生かせるような習慣や道筋をつけて、ガイドラインとのせめぎ合いを有利に進められる力を育むことだ。子供の運を創る方法とも言えよう。

第四章では、そういう子育てが為されないがゆえに、子供は親よりも運が悪くなると述べた。改めて事例を見てみよう。

親なら誰しも、自分の子供には健やかな人生を送ってほしいと願う。しかし実際は、良かれと思って行う子育てが、子供の人生を蝕むことが多い。その典型的な例が、いわゆる「叱らない子育て」だ。これこそ、虐待やネグレクトと並んで、子供の人生を蝕む子育ての代表格ではないだろうか。

私は教育の専門家ではないので、あくまで創運の指導経験から言えることだが、子供の頃に

〝きちんと〟叱られた覚えがないと言う人ほど、判で押したように、困難を乗り越える力が弱いのだ。

彼らには、年齢、性別、職業を問わない共通の傾向として、否定されることを拒絶する、悔恨の念を持てない、良心の呵責を感じにくいなどの面がある。そのせいか、一度人生に躓くと深い部分の気持ちが萎えてしまい、再挑戦できない。いくら私が手を差し伸べても再起へのステップを登れないまま落ちていく。これは、どんなガイドラインの人でも変わらない。

ガイドラインとせめぎ合いながら生きる我々にとって、苦境や困難を乗り越えて人生を立て直す力は絶対に必要で、そういう力を奪う子育ては負の遺産の極みと言う他はない。この方法を選ぶ親自身が、深刻な衝動疾患に蝕まれているがゆえに、「叱らない」という心地よい響きの裏で子供がどんな状況に陥るのか、想像もできないのだろう。

ありがちな例をもう一つあげれば、有名大学から一流企業に入るルートこそが最良だと思い込む親が、自分の価値観を子供に押し付けるというケースがある。

子供が、親の望むルートに乗れる趨勢を持っていれば問題ないが、多くの場合、適応するために無理な背伸びや我慢を強いられる。鬱積した不満や怒りはトラブルの素になり、どこかで具現して子供の人生を蝕んでいく。かくして、無駄に賢いだけで、せめぎ合いに弱い人間ができあがるのだ。

運育なき子育てが問題になるのは、意図的に行う教育やしつけに限った話ではない。

もともと親子間では、無意識レベルの親和性の高さから衝動教育が強く作用する。そんな中、ほとんどの親は衝動疾患を抱えており、特に血族衝動の制約を強く受けたまま子育てをしているため、衝動に振り回される親の行動・言葉・思考のパターンや、血族衝動の負の側面を子供に刷り込んでしまう。結果として、子供は親以上に、ガイドラインとのせめぎ合いに弱くなる。

子供は衝動教育を拒否できない。そしていったん為された刷り込みは、親が死んでも消えることはない。親の衝動疾患が深刻な場合はもちろん、素直な子供、福力の弱い子供も受けた影響が強く残る。この図式で苦しむ人を、私は嫌というほど見てきた。

さらには、世代を経るごとに、せめぎ合いに弱い子供が家系の中に増えていき、家運が悪化する。つまり運育なき子育ては、不運の再生産につながるのである。

一方、運育では、衝動の法則を踏まえた子育てによって、子供が自分の手で人生を切り開ける力を育む。軸となるのは、衝動レベルで、人生に影を落とす要因を穏やかに解放し、光となる部分を強めることだ。

感情混乱衝動、イメージ混乱衝動など、混乱系の出生衝動を持つ子供なら、不安感を抱きやすいため、それに対抗できるだけの強い意志や自己肯定感を育てる。同時に、絵画や音楽など、衝動をメリットとして活かす道を探る。

バイタリティ衝動、興奮衝動といった興奮系の出生衝動を持つなら、スポーツなどの肯定的

	親				子供
・一般の子育て	負の衝動教育	➡	衝動疾患の継承・悪化	➡	親より不運な人生
・運　育	正の衝動教育	➡	衝動疾患の軽減	➡	親より幸せな人生

表 6-1　運育の効果

な形で衝動を解放できるルートを見つけるとともに、あり余るエネルギーを感情的な暴発に向かわせないよう情操教育を行う。

表に現れた弱点に対しては、同様の対応ができる方もいるだろう。身体が弱い子供には体力を付けさせる、勉強が苦手なら他の得意分野を伸ばしてやる、などの方法だ。しかし、これらはあくまで局所的な〝戦術〟に過ぎない。運育では、子供の衝動趨勢を見極めることで高次の〝戦略〟を立てられる。戦略あるがゆえに、その子に「何を」「いつ」「どのような形で」「どの程度の強さで」教えるべきか、最適な戦術を選ぶことができる。

特に「いつ」がわかることは、読者の方が思う以上に重要だ。同じことを言っても、すんなり吸収される時期と、拒否される時期があり、後者では逆効果になってしまう。

こうして適切な運育が為されれば、子供の衝動疾患は軽減され、せめぎ合いを有利に進める力が備わるのだ。

運育は子供自身の人生を変えるのみならず、前の世代から残された血の綻びを繕い、家系の深層の流れを負から正へと変える端緒にもなる。

運育の意義や理論を聞けば、どなたも納得する。しかし私は、会員以外に対して運育を前面に出すことはない。なぜなら、聞きかじっただけの人が、衝動疾患に蝕まれたまま独力で実践しようとしても、かえって害になるからだ。

運育を行うには、親自身がある程度のレベルで創運を実践していることが欠かせない。運育は「親子で行う創運」なのだ。

死出の衣を整えよ

創運を続ける中で、次のような経験をきっかけに無意識世界に魅せられる人がいる。

・病や身近な人の死に直面して、自身も死に向かうのだと改めて痛感する
・プラーナを認識し、無意識世界の存在を実感する
・気付いたら、直観的に輪廻の存在を受け入れていた

彼らは、我々人間が、多くの宿痾を抱えたまま現実世界を生きざるを得ない存在であることを自覚し、死から先も視野に入れた「生」の質を考え始める。創運の力点も、「**死や輪廻を見据えて生きる**」ことに置かれるようになる。

と言っても、生きる軸足が無意識サイドに移るというわけではなく、むしろ娑婆の人生の重要性が高まる。生活自体が、死と輪廻を見据えた内的条件を整える場になるのだ。

我々は誰でもデータを蓄積しながら生きるが、ほとんどの人は衝動趨勢に流されるまま、徒《いたずら》に娑婆の経験を重ねている。かたや創運者は、中陰をすんなり通り抜け、苦しみ少なく喜び多い環境に転生するためのデータを、日々の暮らしで培う。つまり、今の人生を良き死後の生処に結び付けるという明確な意図をもって、行動・言葉・思考を統御する。

これが創運の最終形で、初期仏教的に表現すれば「五蘊を創る」と言えよう。守り（枝）から攻め（幹）へと進んだ創運は、根に焦点を合わせることで「創五蘊」へと深化するのである。

守りの創運 ➡ 攻めの創運 ➡ 創五蘊
枝　　　　　幹　　　　　根

死後の生処を左右するのは、無意識に強く根付いて「魂」となるデータだ。具体的には、次にあげる四種類であり、これだけがあの世に持っていける。私はこれらを「死出の衣」と呼んでいる。創五蘊は、死出の衣を整える作業なのだ。

- 限りなく繰り返された心の働きや行動パターンによるデータ
- 強いインパクトを伴う経験によるデータ
- 無意識や衝動をコントロールした経験によるデータ

・徳

「限りなく繰り返された心の働きや行動パターン」は、一回一回の刻印性は弱いが、長年にわたって習慣的に反復されることでデータとして根付き、後天衝動を生み出す。その中でも特に強く根付いたものが死出の衣となり、臨終の時に抜け出すチャクラを決める。さらに、次生ではガイドラインの基本部分を形成するのだ。

「強いインパクトを伴う経験」とは、サマディをはじめとする深い冥想体験、怒り・苦しみ・恐怖・喜びといった強烈な感情の動きを伴う経験、トラウマをもたらす経験などを指す。

限りなく繰り返された心の働きが、低温やけどのように長い時間をかけてじわじわと根付くのに対して、こちらは短時間でデータとして根付く。これらの中には、意図せず経験したものや、転生にマイナスになるものも含まれる。このため、培うだけでなく根付いたものを和らげることにも留意する。

「無意識や衝動をコントロールした経験」の筆頭は、冥想中に無意識を制御した経験だ。冥想が深ければ深いほど、そこでの経験は無意識に強く根付く。

これに準じるのが、無意識から湧き上がる感情や深い情動をコントロールした経験だ。その感情が激しいものであるほど、根付き方も強い。衝動とせめぎ合った経験もここに該当する。

特に、強制衝動期は意識と無意識がつながりやすいため、この時期を乗り切った経験も死出の衣になり得る。

これらの経験によって培われるデータは、次生における意識力を左右する。意志の強さやストレス耐性の個人差は、前生でどれだけ無意識をコントロールできたかに依っている。

四種のデータの中でも、「徳」はとりわけ重要だ。徳は無意識の最深部にあって中陰と娑婆の両方で大きな影響力を持ち、我々を守るように働くからだ。中陰においては魂を直影のショックから守り、苦しみ少ない世界への転生を誘う。新たな生にも持ち越されて福力の源となり、人生を苦しみから遠ざける。

晩年の環境を整えるには、徳から生じる福力が欠かせない。さらに、その先の良き生処を得るためには、福力として現れなかった徳が十分に残っていることが不可欠になる。前生の自分から今の自分へ、今の自分から次生の自分へ、徳は輪廻を超えた贈り物と言えるだろう。


創五蘊者は、行動・言葉・思考を統御することによって、魂となるデータのうち、苦しみをもたらす部分を削ぎ落とし、楽をもたらす部分を増加させる。これが、死出の衣を整えるということで、言うなれば無意識レベルの貯蓄だ。

この作業は、攻めの創運以上に形のない実践になる。それを、宗教のような依り代を持たずして、情報とカネと欲望が渦巻く娑婆で続けるのだから、私からの指導やケアがあっても決して容易ではない。しかし続けられたならば、良き死後の生処という、この上なく大きな果報を

	〈G表〉	〈G裏〉	〈G奥〉
【認識対象】	現実の出来事	衝動エネルギー	データ
【衝動趨勢】	変えられない	部分的に変え得る	流れ自体を変えられる
【封印】	強い	弱まる・解封できる	解封が進む
【意識】	未熟なまま	成熟する	意識自体が変容する
【生まれた意味】	思い込むだけ	部分的に納得できる	生まれた意味を悟れる

表6-2　三つのグループ

得られるのである。

普通に生きていれば、人生は、周囲の変化に右往左往するだけで終わってしまう。おまけに、成し得たと思ったことも死とともに消え失せる。これに対して、培われたデータは次生まで持ち越される。「次生のことなど死んでみないとわからない」という人もいるだろう。しかし、中陰から持ち越されたデータが今生の環境を左右することは、体験、文献、検証に基づいて、間違いないと判断できる。ここから敷衍するに、次生における生きる方向性や苦楽の様相などは、臨終時にどのような死出の衣を備えているかを見れば、ある程度はわかるのだ。

なお、創五蘊の実践者は、現象の裏側に止まらず、その奥までも見ようとしていることから、私は彼らを「グループ奥」（以下〈G奥〉）と呼んでいる。彼らは創五蘊を続けることで、〈G裏〉よりもはるかに広く深い視界を得られるのだ。

〈G表〉〈G裏〉〈G奥〉の特徴をまとめると、表6−2のようになる。

死生観の形成

死出の衣を整え続けていれば、自然に備わるものがある。その一つが「成熟した死生観」だ。我々は本来、老いを受け入れ、死にまみえても落ち着きを失うことなく、生前に培った知恵を頼りに堂々と中陰に入る権利を有している。創五蘊は、死や輪廻を見据えた実践であるがゆえに、その権利を最期まで行使し得るだけの見識が具足されるのだ。

創五蘊者は、日常の背後に無意識が、無意識の向こうに輪廻があることを認識し、日々の行動・言葉・思考の一つひとつをゆるがせにしない。これらの三業がどのように蓄積され、自分を何処《いずこ》に誘うのかに留意して生きる。そうした結果、生と死が有機的につながり、時とともに死生観が熟成されていく。創五蘊は、生に対する究極の礼節であるがゆえに、生きるという行為の〝残心〟とも言える死生観に結び付くのだろう。

本来、死と向き合わざるを得ない環境にいれば、死生観も自ずと備わっていく。

多くの人にとって、死は逆らいもがき苦しんだ末に諦める場になる。そういう看取りに立ち会った経験や、自身が死から危うく逃れた経験などが核になり、畏怖や恐怖が養分として加わって、死に向き合う姿勢が生まれる。それを無意識サイドが受け入れることで熟成が始まり、やがて芳醇なワインのように深みのある「観」となっていく。その過程は、ある意味、宗教的な悟りにも似ている。私自身の死生観も、死が身近だった幼少期の環境を土台に、無意識世界の深くまで足を踏み入れて死を感じた経験が核になり、衝動存在論を確立するまでの試行錯誤や、会員の苦楽に寄り添った経験が養分となって熟成された。

しかし現代の日本では、本当の意味で死生観を持つことは極めて難しい。なぜなら、我々の社会は、あまりにも死と隔てられているからだ。現代では、死の大半が病院の中で起き、死と触れ合う機会がごく限られている。これでは、死を皮膚感覚でとらえることなどできようはずもない。誰もが、死生観の核となる体験を持てないまま齢を重ね、人生の残り時間を実感したときに死と正面から向き合っても、観として熟成させるだけの年月は残っていない。

最近では、晩年に入る前に「終活」を考える人も多いが、それは、死そのものへの対策ではなく、娑婆の幕引きを円滑に進めようとしているだけだ。

死を遠巻きに眺めることしかできない人間の死生観など、どれほどのものかは推して知るべしだ。知識の寄せ集めを死生観と思っている人、宗教団体が提示する死生観をそのまま受け入れる人も多いが、それらはどこまでいっても借り物に過ぎない。娑婆の理屈が通じない異界に足を踏み入れる際には、知識など何の役にも立たず、深い領域で熟成された自前の死生観以外は用を成さないのだ。

今後の日本は、医学の進歩によって徒に寿命が伸びる一方で、家庭にも医療にも看取りの余力がなくなっていく。そんな中、成熟した死生観を持たない人が国民の大半を占める。その姿は、危うく、かつ滑稽に思えてならない。

さらなる視界を求めて

創五蘊で死出の衣を培うことは、中陰環境や転生先に影響するだけではない。データに焦点を合わせて実践するため、娑婆においても攻めの創運以上に深い変容が起きる。

データが変われば、衝動エネルギーの質や勢いが変化する。つまり衝動趨勢そのものが変わる。すると、心の状態と外側の環境の両面において、攻めの創運の段階とは明らかに異質な状況が生じるのだ。

内面では、興味や嗜好の変化から始まって、意識の器が大きくなり、時間の流れの質が変化する。さらに深い部分では、自分がこの娑婆に生まれて苦しみを経験している意味がわかり、ひいては、どんな転生の流れに乗っているのかもわかるようになる。現実の環境でも全く新たな展望が開ける。

こうした数々の変容によって、創五蘊者はそれまでとは次元の異なる地平にいることを自覚するのである。

創五蘊は創運の最終形であり、一部の会員は、すでにこのプロセスを歩んでいる。今後、私が内側の力の探究を深め、会員たちも実践を続けるなら、さらなる視界が広がることになるだろう。

変化の扉

以上が、創運の実践者が辿り着く代表的なテーマだ。遠い世界の話に思える方もいるかもしれないが、本書を通して、生や死のしくみを知ったということは、変容へとつながる道を見つけたとも言える。もちろん知っただけで人生が変わるわけではないが、すべては知ることから始まる。自分の存在そのものが、しくみの下にあるという事実を受容できた暁には、生きる姿勢やたたずまいも変わるのだ。

我々は、生まれてきたまま生きている。そしてそのまま死んでいく。このことに疑問を感じるなら、変化の扉を開く鍵となる本書を傍らに置いて、ぜひ、あなたの〝生きる〟を沈考《かんが》えていただきたい。

終わりに

死の先にある世界

ほとんどの方が、死後に趣く処について何も知りません。それも恐ろしいほどに。

確かに現代は、誰もが世の動きについていくのに精一杯で、今必要なこと以外は、目を向ける余裕がないのかもしれません。しかし、すべての人が必ず趣く処である以上、その姿がもう少し知られていてもよいはずです。なぜ、それが広く明らかになることがなかったのでしょう。

最大の理由は、死の先にある「陰の世界」を、我々が認識できないことです。

当たり前ですが、我々の認識方法は、もともと肉体に備わった五感に頼っています。この方法は、物質中心の「陽の世界」に対応したもので、実体のない陰の世界には通用しません。

陰の世界を認識するには、第一章で解説したように、冥想を通じて、五感を超えた微細な観受能力を培うことが必要ですが、そういう能力を具足できる人は極めてまれなのです。この能力のない人が陰の世界を認識したと思うのは、自分の作り出したイメージに入り込んでいるだけに過ぎません。いわゆる臨死体験のほとんどが、これに当たります。

あるいは、観受能力を具足できなくとも、「はじめに」で述べたように、無意識というものがわかれば、それを突き詰めることで陰の世界に迫っていけます。しかし大半の人は、無意識の本当の働きがわからず、ましてや無意識世界を経験したこともないため、迫るための足場がありません。こういうわけで、ほとんどの人は陰の世界を認識できずにいます。

もう一つの理由は、陰の世界を認識できた人が、観受能力のない人に伝えようとしても、なかなか伝わらないということです。

我々は通常、認識したものを他者に伝えるとき、「言葉」を使います。しかし既述のように、言葉は現実という世界を規定するための道具であり、陰の世界どころか無意識世界ですら相手が理解できるように表現するのは困難です。

以上二つが、死後に趣く処について、広く知られていない理由です。我々は、「認識」と「表現」の両面で、高い壁に阻まれています。死の先がわからなければ、誕生の前もわかりません。かくして、生と死の秘密は、今もって秘密のままなのです。

もちろん、陰の世界を認識した先人たちの中には、なんとか広く後世に伝えようとした人もいます。彼らは言葉以外の表現によって壁を越えようと考えました。その一つが、「依り代」を使う方法です。目に見える「依り代」をシンボルとして、陰の世界を表現しようとしたのです。仏教においては、仏画、仏像、マンダラなどが代表例でしょう。

しかし依り代は、誰でも認識できる反面、誰もが都合よくイメージを重ねられるという致命的な欠点を持っています。このため、使った瞬間から独り歩きが始まります。やがて依り代そのものを崇める人も現れて、本来の意味とは別物になっていきました。

では私は、会員たちにどうやって伝えているのでしょうか。

第二章で述べたように、私は、陰の世界について観受したものを、長年の考察と検証によって咀嚼し整理しています。会員たちに対しては、深層心理学、ヨーガ、初期仏教など、信頼できる既存の体系によって思考の足場を提供しつつ、整理した内容を話します。これによって彼らは、大体のところを理解するようになります。

加えて、言葉で表せない微細な部分は、彼らの「経験」を利用します。会員たちは、強制衝動などの「中陰のかけら」に触れた経験を持っており、その延長線上に陰の世界があることを理解しています。このため、彼らの経験をベースに話すと、陰の世界の姿が伝わるのです。

この際、会員の無意識が意識野に顔を出す「時」を選ぶことで、より深いところまで届くようにしています。私はこうした方法で、死の先や輪廻のメカニズムを伝えてきました。

本書は、その内容の一部を『生と死のしくみ』というタイトルに沿うように再構成したものです。自身の経験を土台にしつつも客観性を保ち、かつ宗教的観念に縛られることなく、批評に耐える形で生と死のありさまに踏み込んだ書籍は、おそらく本書だけではないかと自負しています。それはまさに、現実世界と無意識世界の両方に足場を置く、私の生き方の産物です。

軽妙な語り口で読者の興味を惹くという方法もあったのでしょうが、私はそちらを選びませんでした。まことしやかなウソがまかり通る世の中で、生や死の真実を渇望する方にきちんと届くよう、一切の外連《けれん》を排して、観えていることを淡々と描きました。

ただ、咀嚼したものを言語化するとは言え、無意識経験のない読者に向けた表現には苦心しました。いったん書き上げてから脱稿するまで数年を要しており、その多くは、文脈や表現が誤解なく伝わるか、少なくとも大まかなイメージが伝わるかという吟味に費やされています。

また、描くエリアが深くなるほど、受け取れる人数は限られてしまうので、入門書としてどこまで踏み込むべきか、絶えず考えながら書いてきました。

筆の及ばなかった点もありますが、それでも、「前生から持ち越された深部データが、水面下の流れを生み出し、娑婆の禍福はその流れの上で展開される」というメインテーマだけは、描き出せたと考えています。

読者の方々の感想は様々だと思われます。

「長年の疑問が納得できた」という方がいれば、生と死が冷徹なしくみの下で展開されることにやるせなさを感じた方もいるかもしれません。

「難解だ」という声も予想されます。その場合は、わからない部分はそのままにして、心惹かれた部分だけでも頭の片隅に留めておいてください。そして、近しい人の死や自身の病に遭遇したとき、あるいは人生に躓《つまず》いたときなどに、もう一度手に取っていただいたなら、内容が染み入ってくるはずです。人の心はそういうふうにできています。

本書の内容を認めたくない方もいるでしょう。しかし、私の仕事は、創運の指導や社会動向の予測を通じて、衝動存在論を検証することと言っても過言ではありません。

検証に当たっては、疑問が生じれば結論を保留し、誤りがあれば修正するという姿勢でいます。幸いなことに根幹部分に関しては、そのような事態に出会わず、ここまで来ました。

生や死のしくみのうち、中陰や前生に関しては、実際の死をもって検証することはできませんが、少なくとも娑婆においては、しくみの通りに物事が動くことは間違いないようです。

「内側の世界」への案内役

我々が「陰の世界」を認識することは、今後ますます難しくなります。それは、意識がこれまで以上に、現実という外側の世界に縛り付けられるからです。

意識はもともと外側に向かいやすい性質があるうえ、現代では、あふれる情報の対処に追われ、内側に向かいにくくなっています。その傾向は、ＩＴ化の加速によって、さらに強まっていきます。

我々は、内側と外側のバランスが崩れた、「歪な世界」を生きているわけで、無意識や陰の世界から遠ざかるのも、当然と言わざるを得ません。

その結果、第五章で述べた「ココロのちぎれ」が深刻なまでに強まった人が増えることになります。愛情というものがわからない、他人を思いやれないなど、我々が当たり前に備えていた「人間らしさ」を失った人が世にあふれるでしょう。

人間は、無意識や陰の世界など、「内側」との結びつきが不可欠な生き物であり、それを失くしたツケが噴き出すのです。

古来、我々と内側をつなぐ役割は、「宗教」というカテゴリーが担ってきました。しかし科学や経済の発展とともに宗教は説得力を失い、今や消滅へ向いつつあります。

「瓦解の波」のみならず「ＩＴ化の波」も押し寄せるこれからの時代には、ＥＱ（心の知能指数）などの、いわゆる学力とは異なる能力が重要になると言われていますが、それこそまさに、自己の内側との自然な結びつきによって得られるものなのです。

終章で述べたように、我々が生や死のしくみの下で生きていることを知るのも、その入り口になるはずです。

私は、現代を生きる日本人にも理解できる論理的な視点に立って、「内側の世界」への案内役を務めたいと思います。

主要参考文献

【深層心理学関係】
『無意識と精神分析』J・P・シャリエ　岸田秀訳　せりか書房
『人間のタイプ　ユング著作集1』C・G・ユング　高橋義孝訳　日本教文社
『現代人のたましい　ユング著作集2』C・G・ユング　高橋義孝、江野専次郎訳　日本教文社
『こころの構造　ユング著作集3』C・G・ユング　江野専次郎訳　日本教文社
『無意識の心理』C・G・ユング　高橋義孝訳　人文書院
『ユング心理学入門』河合隼雄　培風館
『影の現象学』河合隼雄　思索社
『魂にメスはいらない　ユング心理学講義』河合隼雄、谷川俊太郎　朝日出版社
『衝動病理学』大塚義孝　誠信書房
『実験衝動診断法』L・ソンディ　佐竹隆三訳　日本出版貿易
『運命への挑戦　運命心理学論集』L・ソンディ　佐竹隆三訳　金沢文庫
『運命心理学入門』佐竹隆三　黎明書房
『あなたの運命は変えられる』佐竹隆三　山手書房
『ソンディ・テスト入門』奥野哲也監修　内田裕之、石橋正浩、串崎真志編　ナカニシヤ出版
『ドストエフスキー伝』H・トロワイヤ　村上香住子訳　中公文庫

【ヨーガ関係】
『解説ヨーガ・スートラ』佐保田鶴治　平河出版社

『ヨーガ根本経典正・続』佐保田鶴治　平河出版社
『ヨーガの宗教理念』佐保田鶴治　平河出版社
『ウパニシャッドからヨーガへ』佐保田鶴治　平河出版社
『クンダリニー』G・クリシュナ　中島巌訳　平河出版社

【道教関係】
『黄金の華の秘密』C・G・ユング、R・ヴィルヘルム　湯浅泰雄、定方昭夫訳　人文書院

【仏教関係】
『天台小止観　坐禅の作法』天台大師　関口真大訳註　岩波文庫
『白隠禅師　夜船閑話』高山峻　大法輪閣
『仏教とヨーガ』保坂俊司　東京書籍
『日本仏教史』末木文美士　新潮社
『バウッダ　佛教』中村元、三枝充悳　小学館
『原始仏教』水野弘元　平楽寺書店
『佛教語大辞典』中村元　東京書籍
『図説佛教語大辞典』中村元編著　東京書籍
『冠導阿毘達摩倶舎論』佐伯旭雅編　法蔵館
『倶舎論　佛典講座18』桜部健　大蔵出版
『禅の歴史』伊吹敦　法蔵館
『存在の分析　アビダルマ　仏教の思想2』櫻部健、上山春平　角川書店
『認識と超越　唯識　仏教の思想4』服部正明、上山春平　角川書店

『阿毘達摩論の研究』木村泰賢　丙午出版社
『原始仏典　第七巻　中部経典Ⅳ』中村元監修　春秋社
『原始仏典Ⅱ　第六巻　相応部経典』中村元監修　春秋社
『チベットの死者の書　バルド・ソドル』おおえまさのり訳編　講談社
『虹の階梯　チベット密教の瞑想修行』ラマ・ケツン・サンポ、中沢新一　平河出版社
『ゲルク派版　チベット死者の書』ヤンチェン・ガロ撰述　平岡宏一訳　学習研究社
『原典訳　チベット死者の書』川崎信定訳　ちくま学芸文庫

【その他】
『広辞苑』新村出編　岩波書店
『輪廻と転生　死後の世界の探求』石上玄一郎　人文書院
『唐宋伝奇集（上）』今村与志雄訳　岩波文庫
『播磨灘物語』司馬遼太郎　講談社文庫
『新・日本の階級社会』橋本健二　講談社現代新書
『これが現実、格差社会「上と下」分断され育った子どもたちの交差』朝日新聞社
『週刊東洋経済』２０１８年４月14日号「連鎖する貧困」
『ブルデュー　闘う知識人』加藤晴久　講談社選書メチエ
『ヤクザになる理由』廣末登　新潮新書
『満州開拓団の真実』小林弘忠　七つ森書館
『満蒙開拓青少年義勇軍』上笙一郎　中公新書
『戦略・戦術で解き明かす　真実の日本戦史』家村和幸　宝島社
『坂井三郎空戦記録』坂井三郎　講談社

『大空のサムライ』坂井三郎　光人社
『父、坂井三郎』坂井スマート道子　産経新聞出版
『敗走記』水木しげる　講談社文庫
『水木しげる伝（中）』水木しげる　講談社漫画文庫
『リーダーシップ　アメリカ海軍士官候補生読本』アメリカ海軍協会　生産性出版
『恐怖の地政学』T・マーシャル　甲斐理恵子訳　さくら舎
『美女と野獣』ボーモン夫人　鈴木豊訳　角川文庫

【自著】

『運を創る』咲華　牧歌舎
『あの世ガイド』小林秀守　自由国民社
『衝動分析で読む！　２００９～２０１５世界経済はこうなる！』小林秀守　ごま書房
『世界はどうなる最終分析』小林秀守　牧歌舎
小冊子『五蘊を創る』小林秀守　創運舎

小林秀守（こばやし・ひでもり）
1959年生まれ。無意識（潜在意識）の働きについて、10代後半から本格的に探究を始め、その過程でヨーガ、初期仏教、深層心理学、心理占星術に出会う。現在に至るまで、人間の存在と「運」との関係について、無意識という視点から様々な考察を加え続けている。

無意識から湧きあがる「衝動エネルギー」が、心の変化や人生の禍福をもたらすことを発見。そのエネルギーを様々な技法で割り出し、影響される時期や様相を読み、対策を講じる――この不動のコンセプトで、クライアントの心と環境を安定させ、繁栄に導く独自のシステムを構築。いわゆる〝開運法〟とは別次元の視点と手法を持つ「創運」という新ジャンルを確立した。

1997年にサッカアストロサービス（現　創運舎）を設立。長期的な視野で人生を構築する指導を行うとともに、生や死のメカニズムを教え、幅広いクライアントから絶大な支持を集める。本書はその知見とスキルの一端を公開したものである。主な著作に『運を創る』（牧歌舎、2011年、「咲華」名義）、『あの世ガイド』（自由国民社、2017年）がある。

生と死のしくみ――無意識から解き明かす、あなたの人生

2024年2月5日　初版第1刷発行

著者 ――― 小林秀守
発行者 ―― 平田　勝
発行 ――― 共栄書房
〒101-0065　東京都千代田区西神田2-5-11出版輸送ビル2F
電話　03-3234-6948
FAX　03-3239-8272
E-mail　master@kyoeishobo.net
URL　https://www.kyoeishobo.net
振替 ――― 00130-4-118277
装幀 ――― 佐々木正見
印刷・製本― 中央精版印刷株式会社

ISBN978-4-7634-1115-0 C0011